Deux mille ans de JARDINS

À Nathalie

« Je voudrais échauffer tout l'Univers de mon goût pour les jardins.
Il me semble qu'il est impossible qu'un méchant puisse l'avoir. Il n'est même susceptible d'aucun. Mais si par cette raison j'estime le sauvage herboriseur, le leste et sautillant conquérant de papillons, le minutieux scrutateur de coquillages, le sombre amant des minéraux, le glacial Géomètre, les trois fous de la Poésie, de la Musique et de la Peinture, l'Auteur distrait, le penseur abstrait et le Chimiste discret, il n'est point de vertu que je ne suppose à celui qui aime à parler, et à faire des jardins. Absorbé par cette passion, qui est la seule qui augmente avec l'âge, il perd tous les jours celles qui dérangent le calme de l'âme ou l'ordre des sociétés. »

Prince Charles-Joseph de Ligne
Coup d'œil sur Belœil, 1781

Conception graphique : **www.francism.com**

Deux mille ans de JARDINS

Photographies d'ALAIN LE TOQUIN
Texte de JACQUES BOSSER

Éditions
de La Martinière

Introduction

Si les premières mentions de jardins remontent à plus de quatre mille ans, les plus anciens dont nous ayons une idée relativement fidèle sont ceux des villas de Pompéi au tracé paradoxalement protégé par la coulée de lave de 79 après J.-C. Mais nous savons très peu de choses, si ce n'est à travers quelques descriptions vagues ou poétiques, des immenses parcs chinois qui suscitaient l'admiration des lettrés il y a plus de trois mille ans, des merveilleux jardins suspendus de Babylone ou du paradis de Cyrus à Pasagardès, qui fascina tant les voyageurs de l'Antiquité.

La raison en est évidente et prosaïque. S'il faut de longues années pour qu'un parc ou un jardin prenne la forme espérée, quelques saisons de négligence, une violente tempête, une succession d'étés trop chauds ou une crise économique ruinent très vite ces efforts. Souvent aussi l'évolution du goût, la mode ou les changements de propriétaires ont provoqué l'altération des tracés et des plantations. L'histoire des jardins n'existe donc pour sa plus grande partie qu'à travers des archives, des récits de voyageurs, des poèmes, des lettres, des traités, des tableaux, des enluminures, des plans, des relevés de jardiniers, et, depuis un peu plus d'un siècle, à travers les constats et les interprétations des photographes. L'objet lui-même nous échappe. L'art du jardin est donc éphémère.

Le propos de ce livre – retracer par l'image deux mille ans de l'histoire de cet art fragile – est donc une gageure. Il dépend nécessairement de choix qui sont imposés par l'état de conservation des jardins et leur importance stylistique, mais qui sont aussi liés à notre propre goût. Parmi les quatre-vingts jardins que nous avons choisis sur les cinq continents, certains sont parmi les plus célèbres du monde tels ceux de Versailles ou du Taj Mahal, et d'autres pratiquement inconnus comme ceux de Bruges ou de Tacaruna. Il peut s'agir de parcs immenses et somptueux comme Stourhead, ou de la simple façade végétale d'un immeuble de bureaux à Barcelone. Si tous les grands types sont classés et représentés, nous avons tenu, et c'est une des originalités de ce travail, à montrer comment la plupart ont exercé et exercent encore une influence permanente à travers le temps. L'histoire de l'art des jardins est aussi faite de filiations.

Du jardin de l'Alhambra à celui de la villa Île-de-France à Villefranche-sur-Mer, du Myoshin-ji de Kyoto au jardin japonais des Huntington Botanical Gardens en Californie, se sont écoulés plusieurs siècles, mais chacun n'en illustre pas moins une même passion pour une vision aimante de la nature. Par-delà les époques, le goût des jardiniers et des paysagistes peut parfois entrer en résonance. Un Achille Duchêne, en France, fera ainsi revivre le classicisme à la fin du XIXe siècle, tandis que Christopher Lloyd à Great Dixter entamera une histoire du jardin écologique qui nous relie à l'Éden mythique des origines.

Si pendant longtemps la création des jardins a été l'affaire d'un petit nombre de spécialistes – paysagistes, architectes, jardiniers, parfois assistés de peintres et de sculpteurs –, à partir du XXe siècle interviennent de plus en plus souvent artistes, designers, botanistes, aménageurs et ingénieurs. Chacun peut aujourd'hui s'inspirer des créations de la terre entière. L'éclectisme triomphe, l'expérimentation gagne, et de cette production polymorphe et foisonnante se détachent des réussites authentiques qui nous offriront sans doute de nouveaux modèles, comme les réalisations de Fernando Caruncho, de Gilles Clément ou de Jacques Wirtz.

Ce livre ne prétend pas à l'impossible portrait complet d'un art si ancien, si riche et si multiple ; il propose simplement un regard actuel et historique sur le jardin, merveilleuse projection de la culture d'une époque sur la nature. Un art majeur.

Alain Le Toquin, Jacques Bosser

Sommaire

Jardins d'Orient

Jardins d'Occident

Jardins contemporains

Jardins d'Orient

Jardins persans

Bagh-e-Fin, 13

Bagh-e-Shazdeh, 16

L'Occident a longtemps rêvé des jardins persans. Xénophon en donne une première description au IVe siècle avant J.-C. et invente dans le même temps le mot « paradis » (en grec *paradeisos*, du perse *pairidaeza*, signifiant lieu fermé), mais des cylindres de terre cuite et des bas-reliefs beaucoup plus anciens témoignent de l'existence de ces enclos dès 1100 avant J.-C. La Bible elle-même n'en introduit-elle pas un dès la Création – « Yavé Dieu planta un jardin en Éden, à l'Orient et y mit l'homme qu'il avait modelé... » (Genèse 2, 8) ?
Les « paradis » mèdes et achéménides n'étaient certainement pas les jardins ravissants que l'on a imaginés, mais plutôt de vastes réserves clôturées de murs, plantées d'arbres, irriguées par des canaux et des bassins, et peuplées d'animaux, parfois exotiques, que le souverain venait chasser. Divisés en quatre rectangles égaux – rappel du pouvoir de l'empereur, « maître des quatre quartiers du monde » –, ils pouvaient comporter des pavillons de détente autour desquels des plantations d'arbres, fruitiers ou non s'ordonnaient le long d'axes tracés par des bassins rafraîchissants et miroitants. Il s'agissait donc à la fois d'une réserve de nourritures végétales et animales et d'un lieu d'agrément au milieu de régions soumises à un rude climat. Ce paradis était une nature domestiquée, protégée et mise en valeur au bénéfice exclusif du souverain ou de ses satrapes, ce qui en ferait plutôt l'ancêtre des parcs occidentaux du XVIIIe siècle.
La « gratuité » artistique des jardins ne viendra que beaucoup plus tard, mais ce modèle archaïque persan inspira néanmoins les Moghols, les musulmans et, après eux, l'Occident.

Bagh-e-Fin

La magie du chahar bagh

KASHAN, IRAN

Date de création : XVIe siècle

Les deux canaux du plan quadripartite en chahar bagh *se coupent au centre du jardin à l'intérieur d'un* suffeh *monumental (Shah Abbassi), ou pavillon d'agrément.*

Le Bagh-e-Fin est considéré comme l'un des plus beaux jardins historiques iraniens. Jadis isolé, il se trouve aujourd'hui dans la banlieue de Kashan, grande ville située à 260 kilomètres au sud de Téhéran. Ses hauts murs de terre le protègent du développement urbain comme ils l'abritaient des vents du désert lors de sa création à la fin du XVIe siècle par un souverain safavide, le chah Abbas, sur le site probable d'un ancien « paradis » sassanide. Lieu de fêtes et de réceptions célébrées par les poètes contemporains, il a toujours été préservé, bien que ses bâtiments aient été modifiés à de nombreuses reprises. Son plan est une forme issue du *chahar bagh*, le plan géométrique quadripartite d'origine mongole. Entre ses hautes murailles, il se développe en six grandes sections rectangulaires délimitées par un grand canal, un canal parallèle et un autre perpendiculaire, le tout encadré d'un canal périmétrique. Des bassins ont été creusés aux points de rencontre de ces eaux : un grand bassin carré, un deuxième également carré à l'intérieur du pavillon central érigé à l'intersection principale des axes, un troisième en longueur et cinq autres, carrés ou rectangulaires, de plus petites dimensions. Cette trame liquide magnifiée par un revêtement de carreaux de couleur turquoise, cree un rythme à la fois visuel et sonore à travers le glissement de l'eau et la myriade de jets alimentés par les sources des montagnes voisines. L'eau est acheminée par des aqueducs

souterrains qui font partie d'un système appelé *qanat* – ce système existe depuis des temps immémoriaux et a été imaginé pour limiter l'évaporation.
On a laissé grandir les eucalyptus et les figuiers mais les fleurs sont rares ; cependant, lorsque à la tombée du jour la lumière se laisse capturer dans un ruissellement de turquoise, une magie infinie demeure.

Ci-dessus : un plafond à décor de mosaïque.
À droite : le mur d'enceinte à fausse arcade du jardin.

Bagh-e-Shazdeh

Un rêve de paradis

MAHAN, IRAN
Date de création : 1878

En une autre époque, en d'autres lieux, on aurait pu parler de « folie ». C'est en effet en plein désert que Bagh-e-Shazdeh a été créé, en 1878, par Naser al-Douleh, gouverneur de la cité voisine de Kerman, à 800 kilomètres au sud de Téhéran. Cette résidence d'été, enclave de luxe solitaire au milieu du désert, est encore plus surprenante vue d'avion, rectangle vert sombre découpé à la surface d'une immensité vide et terreuse. En fait, le miracle

de ce jardin du désert s'explique aisément. L'eau existe dans les montagnes voisines et l'on pouvait directement en alimenter la résidence par des conduites souterraines. Le simple effet de la gravité permettait à la fois l'irrigation et la multiplication de jets d'eau qui diffusaient en permanence une brume rafraîchissante sous les arbres. À certains moments, on abaissait une vanne et l'on inondait le jardin pour en régénérer le sol.

Le pavillon ne manque pas d'élégance dans son style iranien classique d'une simplicité presque moderne. Abandonnés après la mort de son créateur, les lieux ont longtemps été délaissés et s'efforcent désormais de retrouver une nouvelle vie. Pour les Iraniens, ils sont le symbole de la dynastie des Qadjars, mais pour beaucoup de visiteurs ils restent surtout l'illustration d'un rêve de paradis.

Résidence d'été d'un gouverneur, Bagh-e-Shazdeh est littéralement une oasis dans le désert au pied de montagnes arides que l'on aperçoit dans le lointain, à l'image de l'Éden des origines.

Jardins islamiques

Du VIIe au XIIIe siècle environ, l'art du jardin autour de la Méditerranée semble être dominé par le modèle islamique. En fait, cette vision est à replacer dans une perspective historique plus ample appuyée sur les multiples découvertes de l'archéologie. L'Égypte, par exemple, possédait une tradition multimillénaire du jardin comme en attestent tant de peintures et sculptures en bas-relief ; Byzance avait brillamment repris les traditions des villas romaines ; et comment ignorer la Perse et au-delà l'immense Asie ? Il reste cependant que l'islam triomphant, celui des Omeyyades, des Fatimides, des Ayyoubides et des Mamelouks, sut formaliser un modèle qui allait fasciner et influencer en partie l'Europe jusqu'au grand bond en avant de la Renaissance. L'islam est une religion née dans le désert, immensité sans ombre aux odeurs rares. Le jardin est chargé de matérialiser un rêve inverse : l'abondance de l'eau, la fraîcheur des ombrages et des murs protecteurs, l'enivrement des parfums des plantes et des fleurs. Mais ce fragile microcosme sensuel demande mille soins et doit être protégé du vent chaud comme des regards ou des ennemis. Le jardin sera un paradis réservé, un lieu de méditation où l'homme renoue avec le monde essentiel de la nature, même si ce contact est médiatisé par des installations hydrauliques sophistiquées, un décor raffiné, des plantations rares, les harmonies cultivées de la musique et de la poésie.
Le jardin islamique répond à un idéal de repli sur soi et de sérénité poussé à l'extrême dans une période d'intense violence militaire, politique et sociale. Jardin des puissants, il annonce cependant le bonheur simple et tranquille de tous ceux qui, jusqu'à nos jours, aiment à s'asseoir sur un banc pour tout simplement admirer leur jardin.

Alhambra et Generalife

La nostalgie d'une civilisation disparue

GRENADE, ESPAGNE

Date de création : XIIe-XIVe siècles

La fascination exercée par l'Alhambra de Grenade fut immédiate. Cité royale et militaire, cet ensemble fortifié réunit, sur une plate-forme de 720 mètres de long sur 220 mètres de large, tous les éléments constitutifs du mythe nostalgique d'une civilisation arabe puissante et raffinée, expulsée par les souverains Très Catholiques d'une Espagne encore fruste. Lors de la prise de Grenade en 1492 et de la reddition du dernier roi musulman, Boabil, le siège de la dynastie nasride fut à peu près respecté, hormis les exécutions et pillages d'usage. Un peu plus tard, Charles Quint fut si séduit par les vestiges d'une beauté qui dut paraître infiniment exotique à cet amateur de jardins, qu'il y fit construire, avec un sens du contexte surprenant, un étrange palais impérial. Peu à peu cependant, le « château rouge » fut oublié, la présence arabe refoulée dans l'inconscient, et il fallut attendre le XIXe siècle, ses grands voyageurs et ses archéologues, pour que l'on se préoccupât de conserver ce chef-d'œuvre d'architecture et d'art des jardins. Les siècles ont effacé les signes du pouvoir, de la guerre et de la chute d'un puissant royaume pour ne plus laisser que la poésie intense d'un ensemble de massifs bâtiments au décor intérieur d'une délicatesse que ses dimensions harmonieuses élèvent jusqu'à la splendeur. Entre les tours, les salles et les salons des palais, se glissent quelques-uns des jardins les plus emblématiques du modèle islamique.

Ces lieux étranges, souvent aux simples dimensions de pièces d'extérieur, enchantèrent Chateaubriand, Alexandre Dumas, Théophile Gautier, Victor Hugo et Maurice Barrès chez

Très ancienne cité ibère puis romaine, Grenade fut prise en 745 par des soldats syriens et devint royaume indépendant en 1013. L'Alhambra, « le château rouge », était une citadelle aménagée en résidence royale au XIIIe siècle.

les Français, Swinburne et Washington Irving chez les Anglo-Saxons. Leur structure et leur poésie reposent sur l'utilisation et la maîtrise de l'eau. L'existence de l'Alhambra et du Generalife, ce petit palais d'été à proximité immédiate, dépendait en effet totalement d'un système d'alimentation en eau, complexe et protégé, datant du XIe siècle. L'eau était captée dans la rivière Darro, puis acheminée par des canaux dans des réservoirs souterrains d'où on la faisait monter par des norias. De multiples rigoles, canaux, bassins, fontaines et réservoirs complémentaires parachevaient ce réseau. Cette hydrographie sophistiquée a permis la création de petits jardins et surtout de vastes cours-jardins qui sont la marque de l'Alhambra.

La cour des Myrtes est une épure minimaliste de jardin dans lequel les éléments de la création sont confrontés en un geste magistral : le ciel immense découpé par les hauts murs, l'eau du bassin-miroir et la terre sous forme du pavement de marbre et de plantes (aujourd'hui une haie). On imagine le feu apporté la nuit par les torchères et les lanternes. Les créateurs contemporains qui s'efforcent à une symbolique parfois pesante ont rarement atteint à la simplicité lumineuse de ce lieu qui nous émeut encore, huit siècles après avoir été dessiné.

Le patio de Acequia, le « grand canal » du Generalife, est pratiquement conçu sur le même plan quadripartite mais dans un esprit plus aimable, qui le fait sans doute apprécier davantage des milliers de touristes se pressant sur les hauteurs de Grenade. Il s'agit également d'une cour-jardin, mais l'étroitesse du canal central y laisse place à des plantations plus généreuses que dans la cour des Myrtes. Les plantes et les fleurs sont soigneusement choisies pour leurs senteurs qui envahissent l'espace clos à la tombée du jour.

De petits jets forment une haie d'honneur liquide le long du bassin, mais ils ne datent que du XIXe siècle. S'ils créent un mouvement charmant et une musique rafraîchissante, ils brisent toutefois l'image du ciel que l'on devrait pouvoir lire dans le miroir d'eau du canal.

Les jardins de l'Alhambra qui inspirèrent tant de jardiniers, de princes, d'écrivains et de poètes sont des souvenirs fantasmés errant sur les hauteurs de la ville, mais l'ombre de leur beauté évoque encore la nostalgie d'une civilisation disparue.

À gauche : le patio des Dames, ou cour de Lindajara, en bordure du rempart.
Ci-dessus, à gauche : la cour des Lions, dont la fontaine a été récemment rétablie dans sa forme originale.
Ci-dessus, à droite : une des entrées sur la cour des Lions, aux étonnantes voûtes et arcs à muqarnas *en stuc d'une rare complexité.*

En haut, à gauche : l'enceinte de l'Alhambra possédait de nombreuses citernes et bassins d'où l'eau se répartissait dans les cours et jardins par des canaux ou des rigoles aménagées dans l'épaisseur des murs.
Ci-contre, à gauche : le patio de la Sultane, enclave d'ombre et de fraîcheur.
À droite : le grand canal du Generalife, résidence royale d'été. Avant les jets d'eau installés au XIXe siècle, la margelle servait de cheminement.

Palais de la Bahia

Un labyrinthe de patios, de cours et de jardins

MARRAKECH, MAROC
Date de création : XIXe-XXe siècles
Créateur : El Mekki

Ce palais « de la Belle », de création relativement récente, fut commandé à l'architecte marocain El Mekki par le grand vizir Sidi Moussa et son fils Ba Ahmed, qui lui succéda dans ses fonctions. Des centaines d'artisans et d'ouvriers, choisis parmi les meilleurs du royaume, travaillèrent de 1894 à 1900 pour constituer, à partir de plusieurs ryads anciens et de quelques constructions nouvelles, un labyrinthe de pièces, de salles, de patios, de cours et de jardins dont une partie est toujours réservée à la famille royale. Pendant le « protectorat » français, le maréchal Lyautey en avait fait sa résidence et avait aménagé le Petit Ryad dans un goût très moderne. Merveilleusement situé, le palais est l'une des plus luxueuses résidences de Marrakech, d'un style traditionnel mais marqué par l'époque de son aménagement et la contrainte du plan de plain-pied qu'avait imposée son commanditaire. Le vocabulaire des jardins est celui de la tradition, revisitée par une inspiration décorative d'époque, inclinée vers les jeux des matériaux, des textures, des formes et des couleurs auxquels se prêtent carrelages, mosaïques, pavements, cheminements, margelles, bordures de bassins. Comme il convient dans un jardin noble, le pied ne foule jamais la terre, mais le marbre ou le carrelage. L'eau ruisselle, file, jaillit, s'élève, retombe dans un tintinnabulement léger. Les arbustes fleuris et les fleurs se pressent, débordent des jardinières, créent une atmosphère de touffeur sombre et odorante. La Bahia porte encore fièrement son nom.

À gauche et ci-dessus : une des multiples cours ombreuses de la Bahia, résidence palatiale d'un grand vizir, aux vastes jardins de plans traditionnels mais marqués par la proximité du XXe siècle.

À gauche : une élégante construction défensive, de date inconnue, domine les jardins des anciens rois taifas. Ci-contre : le grand bassin, légèrement surélevé par rapport au sol selon la tradition des jardins hispano-mauresques.

Château de Galiana

Le bruissement soyeux de l'eau

TOLÈDE, ESPAGNE
Date de création : XIe-XIIIe siècles

C'est en bordure du Tage et en limite de l'Alficèn, cité arabe fortifiée séparée de la médina de Tolède par d'anciennes murailles, que s'étendent les jardins du château de Galiana, vestiges de l'un des plus mythiques ensembles de jardins andalous avec ceux de l'Albufera à Séville. La chronique veut que, vers 1060, le roi taifa Al-Ma'mun ait fait construire en ce lieu un pavillon entouré de somptueux jardins-vergers à l'occasion des fêtes de la circoncision de son neveu. Les derniers feux de cette dynastie, qui allait être chassée par les Castillans en 1083, ont fait l'objet de plusieurs chroniques contemporaines dont celle d'un auteur de Tolède, Ibn Yabir. Il y décrit une multitude de salles aux murs tapissés de tentures de brocard à bordures d'or, un salon des parfums, où l'on venait respirer le soir les senteurs qu'exhalaient les fleurs et les plantes odorantes des jardins en contrebas et admirer les reflets du soleil couchant sur le Tage, et une fontaine en argent en forme d'arbre, des branches duquel s'échappait une eau parfumée en un bruissement soyeux.
L'eau omniprésente était prélevée dans le fleuve et acheminée jusqu'aux terrasses par une gigantesque noria activée par un chameau ; elle courait dans les canaux, retombait dans les bassins, s'élevait en jets gracieux ou jaillissait de

À gauche : les jardins se prolongent jusqu'au Tage, et de la loggia du « château » la vue porte sur une campagne miraculeusement préservée. Ci-contre : Galiana retrouve peu à peu son plan classique d'origine en compartiments orthogonaux.

la gueule de lions de marbre… « Les fleurs parfumées buvaient les eaux du fleuve… le jardin le matin était ciselé par la rosée… » Au milieu d'un bassin se dressait un pavillon à coupole en verre gravé d'or d'où s'écoulait un rideau de pluie qui protégeait Al-Ma'mun des importuns. Le jardin fut aussi le lieu d'expérimentations agronomiques pour l'acclimatation de plantes et d'expériences astronomiques.

Les temps ont passé et, au XIVe siècle, le roi Alphonse XI céda Galiana à la famille Guzman qui le conserva jusqu'au XXe siècle. Eugénie de Montijo de Guzman, comtesse de Teba, future impératrice de France, y séjourna souvent avant son mariage. Aujourd'hui l'ensemble est un monument classé ; il a été si vigoureusement restauré que l'amateur y perd vite ses repères stylistiques. Restent, dominés par un très ancien pavillon aux allures de forteresse de théâtre, les terrasses, les plantations, les majestueux cyprès, le jardin-potager du roi, un réseau de canaux, de bassins et de fontaines qui évoquent plus qu'ils ne reproduisent le charme sophistiqué des jardins de la fin d'une dynastie qui avait fait du luxe un art de vivre quand autour d'elle s'armaient les futurs reconquérants de la péninsule.

Villa Ile-de-France

Un balcon sur la mer

SAINT-JEAN-CAP-FERRAT, FRANCE

Date de création : xxe siècle
Créateur : Louis Marchand

Au-dessus de la rade de Villefranche, ce petit jardin d'inspiration hispano-mauresque concentre les caractéristiques des grandes créations de Grenade et de Séville.

Pendant plus d'un siècle, de 1820 aux années 1930, la Côte d'Azur se transforma en un passionnant laboratoire de l'art des jardins. De riches Anglais comme lord Brougham à Cannes (vers 1820), Lawrence Johnston à Serre de la Madone à Menton (1905), le grand jardinier Harold Peto, des Français comme Ferdinand Bac à la Villa Croisset et la baronne Béatrice Ephrussi de Rothschild à Saint-Jean-Cap-Ferrat rivalisèrent d'imagination, d'audace et d'éclectisme. Un jardin était souvent pour eux l'illustration d'un extrait de l'histoire des jardins. La baronne, grande voyageuse, décida en 1905 de se faire construire une villa sur l'isthme du cap Ferrat. Le goût des jardins lui venait peut-être du parc du château de son enfance, Ferrières, qu'avait dessiné Joseph Paxton, l'auteur du Crystal Palace. Toujours est-il qu'elle se lança dans d'immenses travaux de creusement et de soutènement pour accueillir une villa italianisante conçue par Aaron Messiah et son majestueux jardin régulier, mais dans le goût italien, signé par le grand paysagiste Achille Duchêne. Au flanc du domaine s'étagea ensuite une collection plus personnelle : jardin lapidaire, jardin anglais, jardin asiatique, jardin provençal et jardin espagnol. Celui-ci s'inspire des jardins arabes ibériques et témoigne de leur influence persistante. Les plantes poussent dans des parterres surélevés séparés par un canal-miroir, et une loggia à arcade complète l'illusion d'un Generalife au bord de la baie de Villefranche.

Jardins chinois

En matière de jardins comme dans beaucoup d'autres domaines, hier comme aujourd'hui, l'Occident a longtemps éprouvé pour la Chine une fascination largement mêlée d'ignorance. Une civilisation palatiale avait existé dans ce pays depuis 2100 avant J.-C. environ, et l'on peut supposer que palais signifiait présence de jardins dans un pays soumis en grande partie à un climat tropical. Des premières descriptions détaillées apparaissent sous les dynasties des Qin (221-206 avant J.-C.) et surtout des Han (206 avant J.-C.-220 après J.-C.) dont un empereur possédait un jardin de 80 kilomètres de long… Le jardin chinois traditionnel se voulait un morceau de nature, ou sa reconstitution. L'implantation des constructions était choisie avec précision en fonction de la beauté ou du pittoresque du lieu. La présence d'eau et d'un relief (souvent transformé au prix d'énormes travaux) constituait une condition impérative qui renvoyait à des sources chamaniques et symboliques (*yin* et *yang*). Dans cette nature, fréquemment fleurie, étaient aménagés des lacs, des étangs, de fausses rivières, des pavillons, des ponts reliant les îles et les îlots, des tombeaux. Ce jardin dans lequel vivait l'empereur ou un noble personnage, entouré de ses épouses et de sa cour, était donc un univers faussement naturel entièrement fermé sur l'extérieur, une nature autosuffisante au milieu de la Nature. Si le jardin anglais, d'ailleurs appelé anglo-chinois en France, a pu s'inspirer ces mêmes objectifs formels, sa philosophie était radicalement différente. En Occident, à partir du XVIIe siècle et surtout du XVIIIe, l'influence chinoise s'étendit mais se limita à l'adjonction de pavillons pittoresques comme la maison de thé du parc de Potsdam en Allemagne, la pagode de Chanteloup en France, voire de villages chinois comme à Drottningholm en Suède. La philosophie chinoise de la nature se transforma ainsi en objet décoratif.

Suzhou

Changer de paysage à chaque pas…

SUZHOU, CHINE

Date de création : XIe-XIXe siècles

Non loin de Shanghai, dans le delta du Yang-tseu-kiang, Suzhou est à la fois une Venise chinoise et le haut lieu de l'art des jardins en Chine depuis plus de deux mille ans. La richesse locale due à la soie, la présence d'une société aristocratique, l'abondance de l'eau, l'existence sur place des pierres ornementales Tahiu et d'un climat chaud expliquent en partie cet engouement local pour le jardin. Il ne s'agit pas ici des immenses parcs Han, mais de jardins de ville soigneusement clos de murs aménagés du XIe au XIXe siècle sous les dynasties Song, Yuan, Ming et Qing.
Le propos est cependant presque le même : imiter la nature ou l'évoquer par une symbolique attachée à chaque élément. Un lac alimenté par des sources porte bonheur, un pêcher devant la porte évoque l'immortalité, un rocher rappelle une montagne mythique…
L'art du jardinier consiste à créer un paysage chargé de sens, qui noue des liens harmonieux entre l'homme et la nature. Son but est d'accéder à cette réussite suprême que doit procurer la courte promenade dans un jardin chinois : « changer de paysage à chaque pas ». Rien n'est indifférent, il n'y a pas de zone vide ni d'angle mort. Tout, des plantes choisies et de leur taille rigoureuse, à la fausse rivière dont on ne doit voir ni le commencement ni la fin, en passant par la montagne de rocaille terrible, ou sublime, dont le pic culmine à 7 mètres, tout contribue à une beauté savante, empreinte de religion.
Et comment ne pas citer le nom de ces jardins comme celui de « la villa de la montagne éprise de beauté », le « jardin de l'humble administrateur », celui de « la forêt aux lions », celui du « pavillon des Vagues » et le jardin « attardez-vous »…

À gauche : deux vues du jardin de la forêt aux lions, l'un des plus anciens de Suzhou (xe-xiiie siècles). Plus de cinq cents statues bordent le petit lac. Ci-dessus : les fenêtres ajourées, en pierre sculptée ou en stuc, permettaient d'admirer le jardin du pavillon des Vagues selon des cadrages originaux. Double page suivante : la galerie-promenade sinueuse du même jardin du pavillon des Vagues.

Sans-Souci

La Chine à Berlin

POTSDAM, ALLEMAGNE
Date de création : 1755
Architecte : Johann Gottfried Büring

Le domaine royal de Potsdam constitue l'un des plus extraordinaires laboratoires de l'art des jardins des XVIIIe et XIXe siècles. Le célèbre château de Sans-Souci, édifié par Frédéric le Grand au sommet d'un surprenant escalier de terrasses plantées de vignes, dominait jadis un immense jardin baroque transformé au XIXe siècle en parc à l'anglaise par Peter Joseph Lenné. Parsemant son plan de constructions pittoresques mais fonctionnelles, Lenné préserva toutefois quelques-unes des folies de l'ancien jardin, dont cette ravissante maison de thé signée de l'architecte du roi, Johann Gottfried Büring, en 1755. Büring s'était inspiré du pavillon chinois, ou pavillon du Trèfle, dessiné en 1737 par Emmanuel Héré pour les jardins du château de Lunéville, l'une des toutes premières fabriques dans le goût chinois apparues en Europe. Ce pavillon circulaire aux murs céladon et à la toiture bleue mouvementée est gardé par une douzaine de statues de Chinois de fantaisie, dorées à l'or fin et rutilantes sous le soleil. Il remplissait avec charme sa fonction et le roi venait y prendre le thé dans le salon central décoré d'une collection de porcelaines, ou dans l'un des trois petits cabinets aux loggias à colonnes en formes de palmier. Perché en haut du toit, un mandarin sous un parasol médite sans doute sur l'engouement des Européens pour un style de vie et une esthétique qui, sans qu'ils les connussent encore vraiment – et peut-être pour cela –, les fascinaient…

Ci-dessus : un des « Chinois » de fantaisie qui font cercle autour du pavillon.
À droite : la façade de la maison de thé, l'une des premières fabriques édifiées en Europe dans le goût chinois.

Oranienbaum

Une pagode en Saxe-Anhalt

ORANIENBAUM, ALLEMAGNE
Date de création : 1795
Créateur : inspiré de William Chambers

Non loin de Dessau, la ville du Bauhaus, s'étend l'immense Gartenreich Dessau-Wörlitz. Dans la campagne verdoyante mais assez monotone de cette partie de la Saxe-Anhalt sillonnée par les méandres de l'Elbe, cet ensemble de châteaux, de villas, de parcs et de jardins du XVIIIe siècle est une enclave de raffinement que la Seconde Guerre mondiale et ses suites n'ont pas réussi à faire disparaître. Aujourd'hui restauré et entretenu,

le domaine des jardins de Dessau-Wörlitz permet de redécouvrir l'extraordinaire essor de l'art des jardins en Allemagne du début du XVIIIe siècle au début du XXe.

À quelques kilomètres de Wörlitz se dresse vers le ciel un étrange objet architectural. La pagode d'Oranienbaum témoigne directement de l'influence de William Chambers, architecte anglais qui avait parcouru la Chine et ses jardins. Ses *Dessins des édifices, meubles, habits, machines et ustensiles des Chinois*…, publiés en 1757, connurent un immense succès. Le parc avait été dessiné à la fin du XVIIe siècle dans le goût hollandais baroque. Un prince, passionné de nature et de pittoresque, décida en 1795 de « moderniser » une charmante île-jardin dans le goût chinois par l'édification de cette pagode-observatoire de cinq étages décorée de papiers peints, de porcelaines et de meubles chinois, avec plusieurs petits ponts chinois reliant l'île à la rive et à une maison de thé. L'influence de la Chine, venue de Londres, poussait désormais ses pions jusqu'en Europe centrale.

Dans son parc d'Oranienbaum, le prince Franz von Anhalt-Dessau aménagea vers 1795 une île chinoise dominée par une pagode inspirée de celle des Kew Gardens de Londres.

Apremont

La Chine en Berry

APREMONT-SUR-ALLIER, FRANCE
Date de création : XXe siècle
Créateur : Gilles de Brissac

Sans doute la dernière « chinoiserie » conçue pour un jardin européen, ce petit pont a été dessiné en 1986 par le peintre et décorateur Alexandre Sérébriakoff.

Un pont chinois aux confins du Berry ? Chaque jour quelques-uns des nombreux visiteurs du parc floral du château d'Apremont s'interrogent sur cet étrange objet qui fait le bonheur des photographes de mariage de la région. La réponse est dans l'histoire des jardins. Le parc actuel est une création récente de Gilles de Brissac, héritier de ce domaine splendidement restauré dans les années 1930 par son grand-père Eugène Schneider, le célèbre maître de forges. D'inspiration anglaise, aussi bien XVIIIe que XXe siècle (Sissinghurst), les 4 hectares du parc sont parsemés d'élégantes « folies » : un belvédère, un pavillon turc et le pont chinois. Ce pont-pagode de pure fantaisie, construit en 1986, évoque le goût pour le pittoresque chinois qui s'était emparé de l'Europe dans la seconde moitié du XVIIIe siècle. Il est signé de deux grands connaisseurs de cette période, Catherine et Alexandre Sérébriakoff, lui-même célèbre aquarelliste, peintre, décorateur et principal créateur des jardins de Groussay. Depuis plus de deux siècles, le pont fait partie du vocabulaire des jardins et cet engouement durable n'est pas sans motif. Jardiniers et paysagistes ont en effet découvert que cet ouvrage léger, idéal pour un saut de ruisseau ou de petite rivière, ne nécessitait pas de travaux importants et qu'il offrait une touche de sophistication ou un effet de surprise sur lequel le regard pouvait rebondir. Le pont chinois est un séduisant piège esthétique.

Jardins japonais

Il n'existe pas de différence fondamentale entre les approches chinoises et japonaises du jardin, ne serait-ce qu'à cause de l'influence artistique durable que le continent exerça sur l'archipel à partir du IIIe siècle. En revanche, les jardins japonais ont été mieux conservés, et leur art imprègne bien davantage la culture nippone, aujourd'hui encore. Si les créations exemplaires de Kyoto étaient destinées aux empereurs et aux religieux, la plupart des Japonais ont toujours éprouvé un intérêt authentique pour les arbres, les pierres, l'eau et les fleurs, qui sont autant d'objets de méditation contemplative. Les principes d'organisation auxquels ils recourent trouvent souvent leur origine dans des croyances religieuses shintoïstes, taoïstes et bouddhistes, ou font appel à de très anciens systèmes de corrélations, parfois chamaniques, dont le *go-gyo*, qui voit dans l'univers un flux évolutif.
Très tôt des lettrés ou des moines, dont le nom reste aussi connu et respecté que celui de Le Nôtre en France, dessinèrent des jardins.
À partir du XVIe siècle, ces jardiniers se libèrent des dernières influences chinoises pour atteindre à une concentration du sens, à une volonté d'épure qui trouvera son apogée dans les réalisations zen.
Dans son expression, le jardin japonais peut aller d'un raffinement symbolique luxueux à une émouvante simplicité poétique. Il fait partie intégrante des lieux autour desquels s'organise la vie sociale et religieuse : temples, maisons de thé, villas, châteaux, puis, à partir de la fin du XIXe siècle, la ville elle-même, avec les vastes jardins publics d'Edo ouverts à tous. Aujourd'hui encore, comme on peut le voir chez ce grands architectes dont Tadao Ando ou Arata Isozaki, le jardin est conçu en même temps que le bâtiment qu'il entoure dans un jeu subtil de rapports entre le dedans et le dehors, et de liens entre la nature et la culture.

Jardins de temple de Kyoto

Une philosophie de la nature

KYOTO, JAPON

Date de création : XIIIe-XIVe siècles

Capitale du Japon de 794 à 1868, Kyoto fut longtemps une ville-jardin entourée de montagnes. Son développement économique au cours de la seconde moitié du XXe siècle a profondément modifié sa perception, mais ses jardins sont restés des havres protégés, moins peut-être pour leur extraordinaire beauté que parce qu'ils symbolisent un Japon traditionnel beaucoup plus présent dans la psyché japonaise que l'Occidental ne le perçoit.
Kyoto a compté jusqu'à 1 650 temples bouddhistes, et 400 sanctuaires shintoïstes jadis entourés de jardins. Ceux qui subsistent, dont les quinze classés sur la liste du patrimoine de l'humanité de l'Unesco, retracent une histoire encore vivante de l'art du jardin japonais au cours des siècles.
Le premier ouvrage japonais sur cette discipline, rédigé par le moine Yoshitsube Gokyogoku, date du début du XIIIe siècle et constitue pratiquement un traité philosophique et moral. Il s'appuie sur Lao-tseu et sur la division entre principes mâle et femelle, actif et passif, dominant et dominé. Tout dans le jardin devra contribuer à recréer cette complémentarité : une pierre dressée sera accompagnée d'une pierre plate, un arbre élancé d'une petite lanterne. Peu à peu s'établit ainsi une sorte de grammaire jardinière dans laquelle chaque élément a un sens et son complément. Les pierres sont réparties en de multiples catégories, selon leur forme, leur matière, leur provenance, leur poids. Les arbres sont classés d'après leur forme, leur couleur changeant au cours des saisons, leur ombre.
Le degré d'exécution est codifié entre un style achevé, un style intermédiaire et un style « rude », chacun requérant des plantations, des fleurs, des reliefs, la présence de l'eau sous une forme particulière et définie.
L'âge d'or du jardin japonais est la période

Ci-dessus : vue du Daisen-in (grand temple des ermites) aménagé en 1509. Au premier plan, un rocher en forme de bateau ; à droite, un roc représentant le mont Hiei. À gauche, en haut et au milieu : deux vues du Myoshin-ji (XIVe-XVIe siècles). Au centre, exemple de o-karikomi, *art de la taille des arbres et des arbustes. En bas : une vue du Rinsho-in (1624).*

À gauche : le jardin sud du Daisen-in.
Au fond, un « arbre de la bohdi *»,*
c'est-à-dire le figuier sous lequel Bouddha reçut l'illumination.
Ci-dessus : l'entretien quotidien du jardin zen du Ryôan-ji. Jusqu'au XVIIIe *siècle, les moines pouvaient s'y promener librement.*

Muromachi (1333-1568) qui vit apparaître un style nouveau appelé *kare-sansui*, le fameux « jardin sec » fortement influencé par le bouddhisme zen et son haut degré d'abstraction. Les jardins kyotoïtes du Ryôan-ji (1430-1499), du Myoshin-ji (vers 1550), du Daisen-in (1509) en sont les exemples les plus remarquables. Le Ryôan-ji, sans doute l'un des plus célèbres jardins du monde, est un ouvrage clos et plat apparemment composé d'un simple plateau de sable de quartz soigneusement ratissé d'où s'élèvent quinze rochers. Quel que soit l'angle sous lequel on les regarde, il est impossible de les percevoir tous ensemble. D'innombrables exégètes se sont penchés sur le sens de ce lieu que nulle source écrite n'est jamais venue éclairer : représentation de la mer et d'un archipel, d'une tigresse et de ses petits traversant un cours d'eau, exercice numérologique, mandala, support de méditation… D'autres jardins mettent également en scène une présence minérale, comme celui du Pavillon d'argent où se dresse un cône de sable blanc. Le Myoshin-ji, dessiné par un peintre célèbre, Kano Motonobu, est une composition de grands rochers au centre d'un étang sec représentant l'île taoïste mythique de Horaï, d'une cascade sèche de rochers et d'un pont de pierre, que l'on admire depuis une véranda, comme un tableau se détachant sur le fond de la luxuriance d'un petit bois d'arbres choisis. Au Daisen-in, s'élèvent des monticules de sable gris et vingt rochers décrivant un paysage de montagnes entre lesquelles se faufile « l'eau » (le sable). Plus loin, le Kinkaku-ji (1397), parc édifié par un shogun retiré, et qui fut transformé par la suite en temple bouddhiste, utilise également la symbolique des rochers (montagnes, îles, bateaux) mais cette fois dans l'eau d'un lac où se mire la structure du Pavillon d'or, haut lieu de la culture japonaise depuis le XVe siècle.

Le jardin-étang du Pavillon d'or, Kinkaku-ji, construit en 1394 comme résidence d'un empereur « retiré » puis transformé en temple zen.

Huntington Botanical Gardens

Le japonisme jardinier

SAN MARINO, CALIFORNIE
Date de création : 1911
Créateurs : Henry Edwards Huntington et William Hertrich

Le Japon ne s'ouvrit à l'Occident qu'en 1854 par un traité de paix, d'amitié et de commerce signé avec les États-Unis. L'empire du Soleil-Levant participa immédiatement à des Expositions universelles et déclencha l'enthousiasme d'artistes comme Whistler, Manet, Monet, Degas, Lautrec, Van Gogh, et de critiques dont Philippe Buty, qui inventa le terme « japonisme ». En 1886, l'universitaire américain Edward S. Morse publia à Boston un recueil de

relevés sur les habitations et les jardins japonais. Ce nouveau modèle fut vite confirmé et magnifié par les innombrables estampes qui affluaient chez les marchands. La mode du jardin japonais était lancée et il devint de bon ton aux États-Unis comme en Europe de créer des jardins japonais. Les jardins botaniques de San Marino, dans la vallée de San Gabriel en Californie, illustrent cet engouement. Imaginés à partir de 1904 par le richissime Henry Edwards Huntington avec l'aide d'un jeune jardinier de grand talent, William Hertrich, ils se proposaient de réunir une « collection » de divers types de jardins.
Le Japanese Garden (1911) était à l'origine une petite gorge qui fut artistement transformée par des étangs, des cheminements, des terrasses et même une maison livrée du Japon en pièces détachées.
Un siècle plus tard, ce jardin parvenu à maturité a su faire oublier son origine artificielle et s'est même enrichi d'une composition zen. Il est un témoignage de la curiosité d'une époque, mais aussi des riches possibilités de reconstitution des jardins historiques.

Non loin de Los Angeles, un jardin japonais, intégré dans la « collection » de jardins de Henry Huntington exprime l'engouement pour le japonisme aux États-Unis au début du XXe siècle.

Jardins impériaux de Kyoto

Paysage emprunté et jardin-étang

KYOTO, JAPON

Date de création : XIVe-XIXe siècles

Ci-dessus : l'étang du Kyoto Gosho, jardin du Palais impérial, restructuré en 1855. À droite : l'automne au Sento Gosho, le palais de l'empereur « retiré » (XVIIe siècle). Double page suivante : l'étang du Sento Gosho, bordé de petites plages de méditation.

À Kyoto, l'empereur résidait au Palais impérial (Kyoto Gosho), plusieurs fois déplacé, incendié et reconstruit à l'identique au cours des siècles. Les constructions actuelles datent de 1855 ainsi que l'aménagement du parc qui l'entoure. Un peu à l'écart s'élevait le Sento Gosho, réservé aux empereurs retirés, et l'Omiya, résidence de la mère du souverain. Leurs divers jardins ont été réunis au XIXe siècle et sont aujourd'hui ouverts au public, qui les apprécie d'autant plus qu'ils sont situés au centre de la ville. Tous remaniés, ils datent pour l'essentiel de l'époque Edo (XVIIe-XIXe siècles), qui a elle-même connu plusieurs styles. On y trouve l'un des plus importants exemples de jardin-étang, jardin de promenade autour d'une étendue d'eau. Une voie aménagée permet d'en faire le tour en multipliant les points de vue très soigneusement calculés. Se greffe sur ce principe celui du *shakkei*, ou « paysage emprunté », qui consiste à intégrer dans le plan du jardin lui-même la nature environnante : une perspective sur une montagne, sur un bras d'eau, un mouvement de terrain, etc. De même que la différence entre le dedans et le dehors est subtilement gommée (bien que présente) dans l'architecture nippone, l'opposition entre le jardin et la nature sauvage s'estompe. La création de l'homme absorbe littéralement la nature en un système unique.

Au fond du parc, au bord d'un autre étang, une extraordinaire surface minérale composée de milliers de galets, tous de la même dimension, luit sous la lune. C'est la plage d'Odawana Isshaishi, discret jardin sec où l'empereur « retiré » venait contempler l'eau. À la même époque, Le Nôtre créait les bosquets de Versailles débordants de dieux, de nymphes et de satyres…

Jardin japonais de Courances

L'éblouissement chromatique

COURANCES, FRANCE
Date de création : XXe siècle
Créateur : Berthe de Ganay

À l'écart des nobles perspectives classiques du parc, un petit jardin japonais a été aménagé avant 1914 devant un ancien fouloir. Sans tenter une reconstitution factice, il est néanmoins dans l'esprit japonais.

Depuis le XVIe siècle, Courances, non loin de Fontainebleau, a connu une existence faite de passion et d'abandons. À partir de 1872 avec les Haber, les Béhague puis les Ganay, cet imposant château et son parc ont connu une véritable renaissance. Les premiers dessins des jardins remontent à 1558 et sont peuplés de bassins et de canaux. Une intervention de Le Nôtre, longtemps évoquée, est aujourd'hui écartée, mais ce sont les Duchêne, Henri et Achille, qui de 1899 à 1914 restructurèrent le parc sans le bouleverser. Ils lui ont donné l'aspect que nous lui connaissons aujourd'hui : broderies, architecture rigoureuse appuyée sur les frondaisons, retour au jardin régulier moderne.

En bordure de cette géométrie d'émeraude, au point même où le visiteur pressé peut le négliger, se cache une petite enclave poétique : le jardin japonais. Il a très probablement été aménagé à partir de 1908 par Berthe de Ganay, qui utilisa comme élément central un bassin encaissé, non loin d'un vieux fouloir. Fut-elle inspirée par les voyages de sa sœur en Extrême-Orient, par le jardin japonais d'Albert Kahn à Boulogne ou par le parc oriental de Maulévrier d'Alexandre Marcel, ou désirait-elle simplement un jardin plus intime que les impérieuses perspectives des Duchêne ? Toujours est-il qu'elle créa en quelques années ce lieu sensible d'où est banni tout pittoresque facile. Il s'organise autour d'une collection de plantes et d'arbres qui cultive l'art du contraste dans une gamme chromatique éblouissante, à deux pas du plus monochrome des grands jardins de l'Ile-de-France.

Jardins moghols

Les premiers jardins indiens connus datent de la civilisation de Harappa, dans la vallée de l'Indus vers 2500-2000 avant J.-C. Mais assez vite de nombreux récits mentionnent la présence de parcs aménagés où arbres, fontaines et fleurs créent une atmosphère propice à la détente et à la méditation. À la différence des enclos perses de la même époque, ils étaient ouverts à tous. L'arbre, révéré dans la plupart des textes védiques sacrés, y est très présent. La reine Maya donne naissance à Gautama, le futur Bouddha, dans un parc à l'ombre d'un arbre. Plus tard, c'est sous un *Ficus religiosa* que le jeune prince connaîtra l'illumination. C'est encore dans un parc, le Dshetavana, qu'il résidera enfin : « [...] pas trop près de la ville, et pas trop loin, [...] facilement accessible à ceux qui veulent venir point trop bruyant le jour, parfaitement tranquille la nuit, loin des embarras et des foules, un lieu de retraite et de contemplation solitaire... » On connaît encore de nos jours l'emplacement de ces parcs historiques et mythiques de plan informel ; mais, à partir des XIIe-XIIIe siècles et de l'arrivée des Arabes, des Turcs puis des Mongols, s'imposa un nouveau modèle de jardin, de plan régulier cette fois. Les palais, les mosquées et les mausolées, puis les temples bouddhistes s'entourèrent de jardins d'inspiration islamique dans une profusion de fleurs et d'arbustes fleuris. Vinrent enfin les Britanniques qui créèrent des parcs et jardins « à l'anglaise » tout en s'inspirant des formes traditionnelles comme le célèbre jardin du vice-roi à New Delhi dessiné par Edwin Lutyens. L'art du jardin indien actuel est marqué par ces trois traditions.

Le Taj Mahal

Mausolée au paradis

AGRA, INDE
Date de création : 1632-1648
Créateurs : Shah Jahan, Ustad Ahmad

Située à 200 kilomètres au sud de New Delhi, Agra fut longtemps la capitale des empereurs moghols musulmans qui régnèrent pendant trois siècles sur le nord de l'Inde. Le plus célèbre d'entre eux, Shah Jahan, fit construire le Taj Mahal (la « couronne du palais ») en souvenir de son épouse Arjumand Bânu Begam, morte en donnant naissance à leur quatorzième enfant. Rien ne fut jugé trop beau pour ce mausolée. De 1632 à 1648,

vingt mille ouvriers et mille éléphants œuvrèrent sans relâche à l'édification de ce chef-d'œuvre devenu le monument le plus visité de l'Inde. Cette histoire édifiante attire depuis des siècles amoureux et jeunes mariés qui se font photographier au bord du grand bassin avec le mausolée pour toile de fond. Mais la vérité est peut-être autre. Shah Jahan aurait édifié non pas un temple dédié au souvenir de son épouse mais son propre futur tombeau et une représentation allégorique du Jour de la résurrection (*Yom al-Din*), lorsque les morts se relèveront et entreront dans le paradis pour comparaître devant Allah. C'est la thèse passionnante publiée en 1979 par un historien américain, Wayne Begley, pour lequel le Taj Mahal serait la représentation du trône de Dieu et du paradis. Cette théorie s'appuie sur la traduction d'innombrables inscriptions gravées

Le Taj Mahal à l'aube, encadré par quatre minarets de 42 mètres de haut et flanqué d'une mosquée d'un côté et d'un jawab identique de l'autre (maison des hôtes). Double page suivante : la « rivière » centrale, avec ses jets de marbre blanc et sa margelle de grès rouge, qui mène au grand bassin dans lequel se reflète le Taj.

sur les murs du Taj Mahal dont celle du porche d'accès au jardin qui est un verset de la sourate 89 : « Ô toi, âme apaisée… entre dans mon paradis » ; Wayne Begley se fonde aussi sur le rapprochement frappant entre les plans de la « plaine du paradis » figurant dans l'ouvrage d'un célèbre maître soufi du XIIe siècle, Ibn Arabi, et ceux du Taj Mahal. Ses jardins reprennent la division quadripartite aux quatre rivières « d'eau, de lait, de vin et de miel » et possédaient jadis un riche verger. Le mausolée s'élève à l'extrémité du complexe, comme le trône d'Allah, et non au centre, comme le veut la règle dans l'architecture funéraire moghole. Le Taj Mahal et ses jardins constitueraient ainsi une affirmation de la présence de la religion et de la puissance du souverain, et non le rappel romantique et lacrymal d'une jeune femme aimée.

Les jardins que des millions de visiteurs arpentent aujourd'hui chaque année dans une atmosphère souvent polluée n'ont plus de rapport avec ceux, fleuris et embaumés, de Shah Jahan. Lord Curzon, vice-roi des Indes de 1899 à 1905, les transforma en pelouses – pour un entretien sans doute plus facile. Mais le Taj Mahal reste peut-être la dernière grande tentative historique – encore visible – de représenter le paradis sur terre.

La façade du Taj Mahal en marbre incrusté de pierres rares et gravé de versets du Coran. Vingt mille personnes travaillèrent sur ce chantier, dont des artisans venus d'Asie centrale et d'Europe.

Fatehpur Sikri

Le jardin abandonné

FATEHPUR SIKRI, INDE
Date de création : 1569
Créateur : Akbar

Fatehpur Sikri est une de ces cités mythiques abandonnées dont l'Asie abonde. C'est en 1569 que l'empereur moghol Akbar, élevé en Iran, turcophone et musulman mystique, décide d'édifier sa nouvelle capitale administrative en un lieu sauvage où sa femme lui a donné un héritier longtemps attendu. La ville surgit en quelques années, mais dès 1585 le souverain la quitte pour Lahore. Oubliée, elle a été protégée du développement et a maintenu son aspect extraordinaire d'utopie architecturale et urbanistique. Posée sur une terrasse au-dessus d'un fleuve, elle a conservé de nombreux palais et bâtiments en grès rouge qui mêlent les influences indiennes, iraniennes, turques et arabes, dont l'étrange Ibadet Khane (« maison d'adoration ») qui fut sans doute le premier centre de rencontres œcuméniques de l'histoire du monde.
L'abandon précoce de Fatehpur Sikri permet de découvrir les premiers jardins de palais moghols dans un état à peu près intact. Les deux principaux illustrent une typologie que l'on retrouve à Lahore et à Delhi, et dans d'autres grandes villes du nord de l'Inde : le jardin *chah bagh* d'inspiration islamique divisé par des allées pavées en six parterres jadis abondamment fleuris, et le jardin *zanana*, en terrasses, tous deux clos et intégrés à l'architecture.
Dans la conception moghole, l'espace ouvert mais protégé par des murs est le prolongement des pavillons qui l'entourent. Le *chah bagh*, image de paradis dans sa stricte répartition géométrique, est un cadre pour la vie et le cérémonial de cour qui se déroulent aussi bien à l'intérieur qu'à l'extérieur, selon les ardeurs

Dans le palais de l'éphémère capitale de Fatehpur Sikri, le chah bagh *royal, de 2 000 mètres carrés, et le* zanana, *jardin des femmes, de 1 500 mètres carrés, sont les plus anciens jardins moghols préservés.*

du soleil. En revanche, le *zanana*, plus aimable, plus animé et plus verdoyant, est le jardin des femmes, celui du harem, et donc réservé à la famille du souverain. Des récits anciens nous apprennent que les jardins moghols vivaient aussi le soir. Une multitude de torchères, de lanternes, de guirlandes de chandelles, de petits esquifs chargés de bougies flottant sur les bassins et les canaux illuminaient la nuit pour que chacun pût profiter de la fraîcheur nocturne. Cette tradition s'est perpétuée jusqu'à nos jours dans les parcs publics indiens.

Le jardin royal s'organise par rapport à une architecture complexe de pavillons, de kiosques, de pergolas et d'allées surélevées. Il est pratiquement intégré aux constructions.

Rashtrapati Bhavan

Le dernier grand jardin d'inspiration moghole

DELHI, INDE
Date de création : 1917-1931
Créateur : Edwin Lutyens

L'architecte britannique Edwin Lutyens possédait un style très personnel, d'une force et d'un raffinement extrêmes, qui faisait appel à un vocabulaire classique non sans ouvertures sur la modernité. C'est en 1912 que lui fut confiée la création de la nouvelle capitale de l'Inde, Delhi. Il y consacra près de vingt années, s'y épuisa, mais édifia son chef-d'œuvre : la résidence du vice-roi, un gigantesque palais censé affirmer la puissance du Raj britannique.

Ami intime de Gertrude Jekyll et créateur de nombreux jardins en Angleterre, il avait des idées arrêtées dans ce domaine mais se soumit aux multiples pressions qui l'engageaient à faire « plus indien ». En 1917, il proposa donc de jeter un jardin-tapis de plus de deux hectares sous les fenêtres des appartements du vice-roi (aujourd'hui du président de la République), directement inspiré de l'iconographie des tapis persans. Autour d'une pelouse centrale, se répartit sur une trame orthogonale un réseau de canaux, de « rivières de la vie », de plus de 5 mètres de large, dont les intersections sont animées par des fontaines en feuilles de lotus. Deux vastes bassins alimentés par d'autres fontaines semi-circulaires sont en granit rouge, comme les sols, les margelles et les pergolas latérales. L'ensemble peut paraître écrasant : la chaleur y est rude, le bruissement des fontaines et les parfums des milliers de fleurs de couleurs vives entêtants ; mais malgré son caractère récent – elle fut achevée en 1936 – cette création d'inspiration historique est la seule à vraiment exprimer dans son opulence préservée la splendeur disparue des grands jardins moghols.

Réalisé par Edwin Lutyens à partir de 1917, ce jardin de 2 hectares est directement inspiré par l'iconographie des tapis persans. Récent, il est néanmoins l'un des rares exemples de jardins d'inspiration moghole témoignant encore de leur splendeur disparue.

Jardins d'Occident

Jardins romains

Villa d'Hadrien, 81
Pompéi, 85

Si l'archéologie ne nous renseigne guère sur le jardin grec, le modèle romain est en revanche toujours présent parmi nous. Il l'est à travers la littérature latine, bien que les lecteurs de Virgile, de Pline, d'Horace et de Cicéron se fassent rares, mais surtout à travers les vestiges de palais impériaux et les fouilles d'Herculanum et de Pompéi. Là, de très nombreuses fresques nous exposent la conception du jardin romain quelques années après le début de l'ère chrétienne. Rome était couverte de jardins, en particulier le long du Tibre et sur la colline du Pincio. Par ailleurs, les familles riches possédaient à la campagne des exploitations agricoles (*villæ rusticæ*) auprès desquelles s'élevait souvent une villa d'agrément, toujours accompagnée d'un jardin qui commençait dès l'aménagement végétal de l'atrium central. Son plan n'était pas encore très défini ; il était dicté par la topographie, par l'effet qu'il faisait dans l'ensemble architectural et par la présence d'eau plus que par des principes de représentation ou de contrôle de la nature. Les fleurs, les arbres fruitiers, les plantes odorantes abondaient, des bassins en forme d'hippodrome entretenaient la fraîcheur et pouvaient servir de cadre aux repas, les plats flottant à la surface de l'eau. Le dieu des lieux fut longtemps Priape, que Dionysos remplaça peu à peu. Ces deux divinités évoquaient une forme de plaisir sensuel et vitaliste que le jardinier (*topiarus* en latin, du grec *topia*, dont le sens est proche de « paysage ») était chargé de mettre en scène. Le jardin romain n'est ni un lieu de méditation ni un lieu de représentation religieuse, il est conçu pour l'agrément des sens. Moderne donc.

Villa d'Hadrien

Le repos de l'empereur

TIVOLI, ITALIE

Date de création : IIe siècle

La Villa Adriana, non loin de Rome, au pied des monts de Tivoli, était si gigantesque que l'on y a vu, jusqu'à la Renaissance, les ruines d'une ville.
Elle avait relativement bien résisté à la disparition de son constructeur et même de l'Empire, mais à partir du XVIe siècle elle fut totalement dépouillée par des « antiquaires » qui recherchaient des statues et des éléments architecturaux pour le compte des papes, des cardinaux et des grandes familles romaines. Pendant quelques décennies ils en firent une « carrière d'art ». Une célèbre reconstitution par Daumet, élève de la villa Médicis, donne une idée de l'immensité et de la splendeur de ce qui fut sans doute l'une des plus grandes villas de l'Antiquité.
Hadrien fut l'un des grands empereurs romains. Cultivé, soucieux du droit, esthète, parcourant l'Empire pendant les deux tiers de son règne, grand constructeur, il avait fait édifier cette villa à Tibur (aujourd'hui Tivoli) afin de s'y reposer et d'y perpétuer les souvenirs de ses voyages.
De dimensions gigantesques, les constructions s'organisaient autour de jardins qui bordaient le palais lui-même, mais aussi trois théâtres, une basilique, une bibliothèque, des thermes…
Si la plus grande partie en était ouverte aux hôtes et au personnel innombrables, d'autres dépendaient de certains bâtiments comme la terrasse des bibliothèques, la Piazza d'Oro ou le jardin de l'Académie, dont les bâtiments sont sur la liste des monuments en périls du World Heritage Fund.
Curieusement, ces jardins n'ont pas encore fait l'objet de recherches approfondies. Tant de siècles ont passé que toute trace d'allées ou de plantations a disparu. Seuls subsistent quelques bassins comme l'immense canope, qui rappelait à l'empereur les fêtes données en son honneur en Égypte, ou des canaux d'alimentation. Au gigantisme des murs de brique (jadis peut-être peints à fresque) et des colonnades, répondait la vigueur d'arbres importés – comme le platane et le palmier – ou la splendeur chromatique de fleurs dont les graines et les bulbes affluaient de tout l'Empire.
La villa d'Hadrien conserve une grande part de son mystère. Les campagnes de préservation conduites depuis le XIXe siècle ont créé un étrange paysage de ruines cyclopéennes qui semble toujours menacé d'être englouti par une végétation trop envahissante.

L'une des cariatides bordant le grand bassin du canope et qui probablement soutenait une arcade.
Double page suivante : le « Canopo » ou Sérapéion de la Villa Adriana, inspiré par le culte égyptien de Sérapis que pratiquait l'empereur. Il se termine par un nymphée à son autre extrémité.

Pompéi

L'apogée du jardin romain

POMPÉI, ITALIE
Date de création : Ier siècle

C'est en 79 qu'une éruption particulièrement violente du Vésuve engloutit dans un nuage de gaz et de cendres Pompéi et Herculanum, luxueuses villégiatures de la baie de Naples. Cette effroyable catastrophe – qui peut très bien se reproduire – a eu pour seul effet positif de préserver pendant dix-sept siècles les étonnants vestiges de la civilisation romaine à son apogée. Les fouilles menées depuis trois siècles nous ont donné une connaissance approfondie et visuelle de la vie dans ces petites cités campaniennes fortement imprégnées d'hellénisme. L'une des découvertes les plus frappantes est l'abondance de fresques dont beaucoup portent sur les thèmes de la nature et surtout des jardins. Leur présence confirme le goût des Romains pour le mythe idyllique de l'*otium*, que l'on traduirait aujourd'hui par « loisirs » mais qui était une disponibilité de l'esprit et de l'être ne pouvant se cultiver que dans un cadre naturel.

Le jardin de Pompéi prend de multiples formes et dimensions, de quelques citronniers en pots alignés et de plantations de fleurs autour d'un canthare à un verger luxuriant qui s'étend derrière la maison. Lorsque l'espace semblait confiné, on peignait volontiers des scènes de nature sur les murs, qui se confondaient alors avec la réalité. Un péristyle, peint lui aussi, faisait souvent le lien entre l'intérieur de la maison et l'extérieur. On pouvait s'y reposer à l'ombre en contemplant les plantes et en écoutant le chant des oiseaux, si présents dans les fresques

À gauche : la Casa del Citarista, grande villa dans laquelle fut découverte une statue d'Apollon jouant de la cithare. On y a aménagé un jardin inspiré de fresques de la même époque autour d'un bassin central.
Ci-dessus : dans la Casa del Citarista, de petits animaux en bronze projetaient de l'eau dans une vasque de marbre.
Double page suivante : la Casa della Venere (la maison de Vénus), immense et luxueuse villa. Les fresques autour de son atrium évoquent un jardin peuplé d'oiseaux fidèlement reproduits.

pompéiennes. Le jardin est clos, car la maison est aussi un lieu sacré, le siège des dieux Lares, et à ce titre doit être protégée.
Cette clôture annonce les jardins médiévaux et ceux des débuts de la Renaissance.
Des reconstitutions ont été tentées sur place, mais restent assez hypothétiques. On sait que beaucoup d'espèces étaient importées de l'Empire comme le platane, le palmier, le laurier, le buis, le myrte, et les fleurs cultivées étaient encore un luxe.
Les jardins de Pompéi conservent une grande partie de leur mystère, car un jardin est création vivante qui peut mourir avec ceux qui l'ont planté.

À gauche : la maison du labyrinthe. Si ce labyrinthe est récent, il est la reconstitution de celui qui se trouvait dans cet atrium *; c'est l'un des premiers exemples de cette thématique mythologique dans un jardin européen.*
Ci-dessus : dans le jardin de la Casa della Fontana Piccola (la maison de la petite fontaine), fontaine au charmant décor en mosaïque de petits galets, illustrant un thème nautique.

Jardins de cloître

Le jardin médiéval européen est à la fois mal connu et abondamment illustré. Des milliers d'enluminures, de miniatures, de gravures, de peintures, de tapisseries, des dizaines de traités nous révèlent ses formes variées et surtout à quel point son rôle était important dans la vie sociale, aussi bien rurale qu'urbaine. Nous savons à peu près comment les arbres étaient taillés, comment se répartissaient les parterres, comment on venait s'y détendre pour écouter de la musique ou déjeuner sur le pré. Mais ces sources sont-elles vraiment fiables ? La stylisation artistique, les codes de représentation ne faussent-ils pas cette perception d'un jardin idyllique, havre d'ordre et de beauté dans une période plutôt brutale ? Toujours est-il que depuis quelques décennies l'on s'efforce de reconstituer, de restaurer ou de créer des jardins médiévaux avec des résultats mélangés. Ce fut le cas à Shrewsbury, en Grande-Bretagne, pour le jardin monastique de frère Cadfaël, célèbre personnage de roman policier de l'époque, à Paris autour de l'hôtel de Cluny, à Villandry dans le val de Loire. Nous savons que trois grands types coexistaient, tous clos : le jardin, le verger et le parc réservé à la chasse. Dans ces trois cas, le jardinier médiéval recherchait l'utilité. Les biens circulent mal, l'alimentation reste une préoccupation de base alors que les famines menacent périodiquement : le jardin est donc chargé de produire des fruits, des légumes, des herbes pour la cuisine et des herbes médicinales. Seule une petite partie est consacrée au plaisir des hôtes assis sur un banc de pierre ou de gazon, autour d'un bassin ou sous une tonnelle. Peu à peu cependant, les jardins s'agrandissent et remplacent souvent d'anciennes terrasses défensives ou les douves comblées des châteaux. Mais avec cette extension, cette ouverture qui nécessite une esthétique nouvelle, c'est déjà la Renaissance qui s'annonce.

Monastère de Pedralbès

L'image de la nature

BARCELONE, ESPAGNE

Date de création : XIVe-XVe siècles

Sur les hauteurs de Barcelone se dresse l'un des plus prestigieux ensembles conventuels d'Espagne. Fondé en 1326 par la reine Elisenda de Montcada, épouse de Jaime II, le riche monastère royal de Santa Maria de Pedralbès est un immense complexe architectural de style gothique catalan organisé autour du jardin claustral. Le cloître a traversé les siècles sans dommage, car le couvent, déclaré monument historique et transformé en musée en 1991, a toujours été occupé par l'ordre des Clarisses, qui y conserve encore aujourd'hui une clôture. Intact, il surprend par l'élégance de ses trois galeries superposées soutenues par de graciles colonnes. Le jardin a conservé son caractère médiéval. Il est classiquement divisé en quatre parties par deux allées formant une croix au centre de laquelle a été aménagé un grand bassin entouré de cyprès. Les plantations sont décoratives mais non sans quelque aspect utilitaire puisqu'il s'agissait d'un « jardin d'herbes » qui contenait à la fois des simples pour l'infirmerie et quelques plantes de cuisine. Le long des allées, les orangers et un immense néflier avaient été plantés pour leur aspect mais aussi pour leurs fruits. L'irrigation se fait selon la technique arabe, à partir du bassin central.

Mais ce jardin possède avant tout une valeur symbolique. Il est le centre du lieu de promenade, de rencontre et de méditation qu'est le cloître et représente souvent le seul contact des religieuses avec la nature. Bernard de Clairvaux expliquait que le jardin était à l'image du projet divin. Ne symbolise-t-il pas la création, avec la plantation ou les semailles, le développement de l'homme

Le jardin du cloître de Pedralbès, clos par une triple galerie, illustre la richesse des grandes fondations conventuelles royales espagnoles. Le couvent est toujours occupé par des religieuses.

Le plan du jardin – jardin d'herbes – a peu évolué depuis le XIVe siècle, seuls quelques bancs ont été ajoutés quatre siècles plus tard.

sur la terre avec la germination, et le salut avec la récolte ? Les religieuses avaient ainsi sous les yeux le miracle du renouvellement sans fin de la nature, mais sous une forme compacte, ordonnée et apaisée. Comme un vitrail, le jardin du cloître racontait une histoire autour de l'eau de la fontaine, source de vie, et sous le carré du ciel, royaume de Dieu.

Ce vaste jardin de cloître, de 40 mètres de côté, a peu évolué. Seuls quelques bancs recouverts de céramique ont été disposés au XVIIIe siècle dans un angle. Le musée, après avoir longtemps accueilli la collection Thyssen-Bornemisza, présente maintenant un ensemble d'œuvres d'art ancien religieux. À quelque pas du cloître enveloppé dans un silence serein, les intéressants jardins du palais royal de Pedralbès, aménagés au début du XXe siècle et aujourd'hui submergés par la pollution de la circulation, forment un contraste saisissant.

Monastère de Santes Creus

Le jardin d'un cloître sauvé

PRÈS DE TARRAGONE, ESPAGNE

Date de création : XIVe siècle

C'est non loin de Tarragone, dans une vallée isolée, que fut fondé en 1158 ce couvent cistercien, peu après la reconquête de la Catalogne sur les Sarrasins et à peu près à la même époque que ceux de Santa Maria de Poblet et de Notre-Dame de Guadalupe. Abandonné dès 1835, l'ensemble, relativement bien préservé, a conservé son unité et des éléments (église, cloître) qui en font l'un des plus beaux exemples du style gothique catalan. Selon des récits anciens, le cloître serait en fait celui du monastère disparu de Bonrepos de Montsant, remonté ici au XVIIe siècle.

Le jardin rectangulaire est divisé en quatre parties par des allées. Au centre, un bassin cruciforme au fond recouvert de carreaux de céramique à motifs géométriques est alimenté par une vasque transformée par le temps en fontaine moussue. Au sud s'élève une petite construction hexagonale en pierre qui abrite un autre bassin, peut-être un ancien lavoir, dans lequel l'eau s'écoule par un « rocher suant ». Les plantations sobres remontent à un essai de reconstitution datant sans doute du classement de l'ensemble comme monument historique en 1921. Ici comme ailleurs, parce qu'il est à la fois une fermeture par rapport au monde et une ouverture sur l'univers naturel, le cloître fascine les visiteurs de la même façon qu'il devait attirer les religieux. Il n'est pas indifférent qu'il ait toujours été traité avec un certain luxe architectural. Le monde abstrait de la prière – l'architecture – rejoignait dans le jardin – la nature – ces « forces capables de remuer et d'apaiser [les] âmes » dont parlait Abélard.

À gauche : à l'angle du jardin, le lavatorium, *dans lequel les moines se lavaient les mains avant de se rendre au réfectoire.*
Ci-dessus : un des délicats chapiteaux des colonnettes de la galerie.

Abbaye du Mont-Saint-Michel

La beauté sereine

MONT-SAINT-MICHEL, FRANCE

Date de création : XIIIe-XXe siècles

Toute la rigueur des premiers monastères bénédictins se retrouve dans une succession d'horizontales – l'horizon, le faîtage, les ardoises – reposant sur une arcade à fines colonnes en quinconce. Le jardin est moderne.

Réaménagé récemment, le cloître de l'abbaye Saint-Michel, à la superbe double arcade aux fines colonnes décalées, reste ce qu'il a toujours été, un lieu de sérénité. Il faisait face jadis aux fureurs de l'océan, et résiste aujourd'hui aux centaines de milliers de touristes qui chaque année escaladent, arpentent et sillonnent le Mont. Lorsque la tempête soufflait et que la marée d'équinoxe surgissait, les moines bénédictins devaient se sentir protégés dans ce petit cloître accueillant qui donnait de la nature une image apaisée.

Les plantations sont modernes, recherchées, mais rappellent aussi, à travers l'important gazon, le « drap vert » qu'un auteur médiéval conseillait poétiquement de tendre dans le jardin. Ce n'est en fait qu'à partir de la Renaissance que les jardins de cloître deviennent ornementaux, plantés de fleurs et cultivant les effets visuels.

Aujourd'hui, la clôture a perdu son sens et cet aménagement récent, bien qu'agréable au regard, participe à la muséification de ce haut lieu de la chrétienté triomphante. Mais devant ce carré de beauté sereine les visiteurs baissent la voix…

Cathédrale Saint-Martin

Un jardin savant

UTRECHT, PAYS-BAS

Date de création : XVe-XXe siècles

Dans son plan et ses plantations, le jardin est une reconstitution aussi fidèle que possible d'un jardin médiéval d'herbes et de simples plantés en parterres.

Au pied du plus haut clocher des Pays-Bas, le jardin du cloître de l'ancienne cathédrale Saint-Martin d'Utrecht a retrouvé depuis trente ans l'aspect qu'il avait – peut-être – à la fin du Moyen Âge. Sa galerie et ses arcades gothiques dateraient du début du XVe siècle, mais une rénovation importante a été menée à partir de 1876, dont la trace la plus visible reste les gâbles sculptés d'épisodes de la légende de saint Martin.

Le jardin d'herbes, restauré en 1972, s'organise autour d'une petite fontaine (1915) qui met en scène un chanoine écrivant au-dessus de quatre griffons dont le jet alimente un bassin. Le plan au sol compte vingt-deux carrés plantés d'herbes citées dans un capitulaire diffusé sous Charlemagne vers l'an 800, le *De villis vel curtis imperii*, qui tentait de mettre un peu d'ordre dans les connaissances agricoles de l'époque. On y trouve des plantes médicinales, des condiments, des aromates, des plantes servant à la teinture. L'université d'Utrecht, l'une des plus anciennes d'Europe, était et reste fameuse pour ses jardins botaniques, ce qui explique sans doute le choix et la pertinence de ces plantations. Comme l'essentiel des connaissances médiévales était détenu dans les couvents et les universités, on peut imaginer que les voyageurs offraient au couvent de leur cité les plants rapportés de leurs lointains voyages. Ce jardin de cloître peut-être imaginaire a su ajouter le charme à l'intérêt réel que représente cette restitution scientifique d'un moment de notre connaissance de la nature.

Ci-contre et à droite : l'étonnant décor de majoliques, dont les colonnes soutenaient jadis une pergola, a inspiré l'art populaire de la céramique napolitaine jusqu'à nos jours.

Monastère de Santa Chiara

Un jardin de luxe

NAPLES, ITALIE
Date de création : xve-xviiie siècles
Créateur : Domenico Antonio Vaccaro

Santa Chiara, l'un des plus importants complexes religieux de Naples, réunissait deux couvents, l'un confié aux clarisses, l'autre aux frères mineurs. De style gothique sévère, il fut restructuré et redécoré au xviiie siècle par le peintre, sculpteur et architecte Domenico Antonio Vaccaro (1678-1745), qui lui appliqua un vigoureux traitement baroque. Il redessina le jardin encore médiéval en *giardino rustico* et imagina un procédé d'une extraordinaire efficacité pour ravir le spectateur. Deux allées perpendiculaires, bordées de soixante-quatre piliers octogonaux revêtus de carreaux de majolique polychrome, divisent l'espace. Le long des galeries sont disposés des bancs également couverts de céramique. Jadis, une treille en bois appuyée sur ces piliers servait de support à des plantes grimpantes. Cette colonnade modifie entièrement la perception de l'espace qui est ainsi transformé en décor théâtral. Les majoliques furent confiées à Donato et Giuseppe Massa, qui réalisèrent là leur chef-d'œuvre : leurs motifs et leur gamme chromatique allaient inspirer la céramique napolitaine jusqu'à nos jours. En trois couleurs – bleu, jaune et vert – ils créèrent un décor de scènes de moissons, de vendanges, de chasse, de marines, de bananes, de figues, d'agrumes qui se mêlaient dans une fusion typiquement baroque aux fruits des orangers du cloître. Celui-ci perdait beaucoup de sa sérénité, mais, même chez les moines, le xviiie siècle avait tourné le dos à l'austérité. Le cloître des clarisses était définitivement un cloître de luxe.

Jardins d'inspiration médiévale

Le jardin médiéval est à la mode. Partout en Europe, jardiniers et conservateurs s'efforcent de reconstruire des jardins anciens ou, lorsque ce n'est pas possible, d'en imaginer la forme plausible ou idéale. La plupart du temps, excepté quelques rares cloîtres, toute trace du plan d'origine a disparu. Miniatures, tapisseries, arrière-plan de tableaux permettent de retrouver l'esprit de l'époque mais ces documents sont avares de détails et souvent d'un niveau de stylisation peu utile au jardinier ; et les livres de comptes, si précieux pour l'étude des jardins à partir du XVIe siècle, n'existent pas encore. Beaucoup de variétés d'arbres fruitiers et de plantes ont disparu, d'autres sont apparues. Jusqu'où aller pour retrouver la grâce de ces jardins très anciens sans tomber dans une reconstitution séduisante mais trompeuse ? Tout l'art du jardinier repose sur un petit nombre de sources : le capitulaire *De villis vel curtis imperii* de Charlemagne, quelques textes d'Albert le Grand et du franciscain Barthélemy l'Anglais, et des descriptions grappillées de-ci de-là dans le *Hortulus* de Walahfried Strabo (IXe siècle) ou le *Geoponika* (Xe siècle), qui reprend des textes de l'Antiquité.

À ces connaissances historiques doit pourtant s'ajouter la possibilité d'imaginer comment l'homme médiéval pouvait concevoir son jardin à partir des plantes et – chose essentielle – des outils dont il disposait, et ce que la famille médiévale attendait d'un jardin d'agrément qui était aussi, pour une bonne part, un jardin productif. Sur ces bases, après quelques décennies d'effort, certaines reconstitutions semblent plus vraisemblables que d'autres, comme à Maisonnais, en France, à Winchester en Grande-Bretagne ou à Bruges en Belgique.

Prieuré Notre-Dame d'Orsan

La passion de la recréation

MAISONNAIS, FRANCE
Date de création : 1995
Créateurs : Sonia Lesot et Patrice Taravella

Schwetzingen, Bomarzo ou Sissinghurst : les plus beaux jardins naissent toujours d'une passion. C'est, à l'évidence, le cas du jardin médiéval du prieuré Notre-Dame d'Orsan, créé à partir de 1993 par Sonia Lesot et Patrice Taravella. Ce couple d'architectes cherchait depuis quelques années en Italie un monastère à restaurer lorsqu'il découvrit par hasard, dans le Cher, les vestiges d'un prieuré du XIIe siècle reconstruit aux XVIe et XVIIe siècles. Transformés en ferme depuis la Révolution, les bâtiments étaient restés pratiquement intacts dans leur structure, mais rien ne subsistait d'un éventuel jardin. Après une année de recherches intensives, les axes d'un jardin d'esprit médiéval s'imposèrent. Il ne fallut que deux ans pour aménager les neuf jardins clos dans le U formé par les bâtiments. L'ensemble s'organise à partir d'un « cloître » de verdure qui sert de point de passage vers les différents jardins accessibles par huit gloriettes recouvertes de lianes. Se succèdent un jardin des simples, un verger de pommiers, un jardin de petits fruits, un potager en labyrinthe, le jardin de Marie (une roseraie), un potager aromatique, un carré des blés, un clos de trois vergers d'arbres de plein vent et un vaste pré fleuri qui fait lien avec la campagne environnante.
Les plantes sont des variétés anciennes adaptées au climat et au sol argileux du Berry. Plessis (treillis de branchage), banquettes surélevées, haies, abris, bancs de bois et clôtures en châtaignier structurent les plantations.
Tous ces éléments ont été interprétés et réalisés d'après des modèles trouvés dans des documents médiévaux.
En dehors des simples, des fleurs et des fruits, Orsan cultive le silence. Face à ce jardin clos, sans perspective, « on est arrêté, on réfléchit, on se tait », fait remarquer Sonia Lesot. Le succès maîtrisé du prieuré Notre-Dame ne prétend qu'à l'inspiration honnêtement informée d'une re-création. En cela il a peut-être plus de chances de se rapprocher de l'authenticité.

Dans le Cher, ce très ancien prieuré du XIIe siècle possède aujourd'hui un jardin proche de l'idéal des modèles décrits par l'iconographie médiévale.

Ci-contre et à droite : les plantations de végétaux de variétés anciennes font appel aux techniques traditionnelles de culture sur banquettes surélevées, protégées par des plessis en branchages.

Queen Eleanor's Garden

Une reconstitution scientifique

WINCHESTER, GRANDE-BRETAGNE
Date de création : XIIIe siècle - 1986
Créateur : Sylvia Landsberg

Le jardin médiéval était-il réservé aux femmes ? C'est ce que pourraient faire penser d'innombrables peintures et miniatures de manuscrits comme celui du *Roman de la Rose*, qui mettent en scène de belles jeunes femmes assises sur l'herbe ou sous une tonnelle. L'homme, sous la forme d'un damoiseau, n'apparaît la plupart du temps que dans les échanges amoureux. Ces illustrations doivent être interprétées selon la symbolique médiévale du jardin clos, image de la Vierge et de la jeune fille.
Le long d'une des austères façades du Great Hall du château de Winchester qui connut son heure de gloire au XIIIe siècle lorsque le roi Henri III y résidait, a été reconstitué un petit jardin clos médiéval dédié à l'épouse d'Henri, Éléonore de Provence, et à celle de son fils Édouard Ier, Éléonore de Castille. La reconstitution, menée à bien par une équipe d'architectes, de jardiniers, de forgerons, de couvreurs et un fondeur, s'est inspirée des textes sur les jardins d'Albert le Grand (rédigés vers 1260) pour créer un *herber* digne de deux reines.
De plan triangulaire, il comporte un bassin central surmonté de têtes de léopard et d'un faucon copiés d'une description ancienne, un petit canal d'alimentation, une gloriette, un tunnel de verdure, une vigne palissée, des bancs de gazon et des banquettes de fleurs surélevées. Les plantes sont chargées d'illustrer la fidélité et la pureté représentées par le lierre, le houx, les iris, les pivoines, les roses et les lis.
Dans ce très petit jardin sont concentrées la plupart des connaissances scientifiques actuelles sur le jardin médiéval.

À gauche : le tunnel de verdure de 10,50 mètres de long est en branchages de châtaignier montés sur une légère armature métallique, concession à la modernité.
Ci-dessus : la fontaine au faucon de bronze et quatre macarons en tête de léopard s'inspire d'un modèle du XIIIe siècle.
Double page suivante : les fleurs et les plantes de la haie ont été sélectionnées pour l'essentiel d'après des textes d'Albert le Grand (XIIIe siècle).

Bayleaf

Le jardin autarcique

CHICHESTER, GRANDE-BRETAGNE
Date de création : 1990
Créateur : Sylvia Landsberg

Bayleaf est sans doute l'une des plus intéressantes recréations de jardin de la fin de la période médiévale en Europe. La ferme elle-même a été sauvée de sa disparition programmée par la construction d'une réserve d'eau et transférée au Weald and Downland Museum de Singleton, près de Chichester, passionnant musée de l'habitat et de la vie rurale en Angleterre.

La reconstitution s'est appuyée sur des documents anciens et offre une image aussi réaliste que possible de l'exploitation d'un fermier aisé au début du XVe siècle, qui ne devait guère être différente de celles de l'époque médiévale. Un petit bois (le *shaw*) protège la grange, la maison et le verger des vents humides, tandis que le jardin lui-même est abrité par la jolie ferme dont les colombages multiplient les effets graphiques.

Ce jardin est un potager (*kitchen garden*) clairement divisé en huit parties soumises à un régime de jachère, qui contiennent pois, oignons, salades, poireaux, betteraves et choux, ainsi que trois plates-bandes de plantes aromatiques et d'herbes « douces » médicinales. Les cultures se pratiquent sur des banquettes surélevées séparées par des allées empierrées. On ne travaille donc que la terre productrice. La culture est évidemment purement biologique et les jardiniers ont remarqué après quelques années que les plantes semblaient se défendre de mieux en mieux. Les traités d'agriculture médiévaux ne mentionnent que rarement les attaques d'insectes ou de maladies, ce qui pourrait laisser penser que le jardin médiéval avait trouvé son équilibre biologique. Les engrais sont naturels et produits par le bétail local ou le compostage des plantes mortes. Les plantations sont protégées des animaux sauvages et domestiques par des clayonnages en noisetier, également utilisés pour retenir la terre des banquettes. Bayleaf est l'image idyllique d'un paradis rural autarcique.

À travers ses bâtiments, son verger, ses bosquets et son jardin, Bayleaf a reconstitué le plus scientifiquement possible la vie d'une petite exploitation agricole de la fin du Moyen Âge.

Jardin privé

Le jardin secret

BRUGES, BELGIQUE
Date de création : XXe siècle
Créateurs : M. Van der Elst et Mien Ruys

Minuscule enclos au cœur de la ville médiévale, ce jardin en damier est semé de fleurs médiévales : pâquerettes, fraisiers, œillets, pivoines et lis.

Bruges, l'un des plus puissants ports d'Europe au Moyen Âge, était réputée pour ses canaux mais aussi pour ses jardins. Chaque hôtel particulier, chaque couvent disposait de son espace vert privé dans lequel des bouquetiers (parterres) contenaient déjà quelques fleurs rares rapportées de leurs voyages par des marins. Une guilde de jardiniers, qui n'hésita pas à prendre Jesus comme patron, fut même fondée au XIIIe siècle. Le charme secret des jardins brugeois reste tout médiéval. L'urbanisme explique en partie la clôture nécessaire de ces espaces pris entre une rue et un canal dont il fallait se protéger. Mais de ces contraintes foncières naquit un goût très local pour l'intimité familiale qu'exprime merveilleusement ce jardin secret au cœur de la cité. On ne peut l'apercevoir que de la tour de l'église Notre-Dame car il est fermé de tous côtés. Cette réclusion a permis de le transformer en pièce d'extérieur utilisée à la belle saison

À gauche : roses grimpantes de variété ancienne et buis taillés en plateaux, comme sur les tableaux des primitifs flamands. Ci-dessus : fontaine en plomb originaire de Toscane.

et qui crée des dégagements agréables à partir des fenêtres de la très ancienne demeure, restaurée quant à elle à partir de tableaux de primitifs flamands, dont le célèbre portrait de Jan Van Eyck, *Les Époux Arnolfini*.
L'évocation médiévale est juste suggérée par des parterres de verdure pris entre des allées pavées et soulignés par une levée de brique moussue. Les fleurs anciennes tels les lis, les pâquerettes, les œillets et les pivoines, une fontaine toscane en plomb, des buis taillés en plateaux et un rosier recréent une atmosphère délicatement nostalgique des splendeurs de la ville flamande qu'Érasme appelait l'Athènes de l'Europe du Nord.

Jardin privé

Un jardin d'enluminure

BRUGES, BELGIQUE
Date de création : 1977
Créateur : André Van Wassenhove

Un labyrinthe asymétrique de buis, des allées et des banquettes de brique, un bassin reconstituent l'atmosphère des petits jardins d'agrément urbains du Moyen Âge.

La typologie du jardin médiéval intéresse toujours les jardiniers modernes. Espaces limités, murs, division orthogonale de l'espace, plantes taillées, rapports à l'architecture sont les éléments d'un vocabulaire très actuel, et l'on peut se demander si certaines créations de Martha Schwartz ou de Toru Mitani ne sont pas inspirées de l'esprit de l'*hortus conclusus*.
Ce jardin de ville, invisible de l'extérieur (il faut même franchir un long corridor pour y accéder), a été dessiné par le paysagiste brugeois André Van Wassenhove pour accompagner une belle maison du XVe siècle enchâssée dans un tissu urbain médiéval particulièrement dense.
La division du sol en parterres a été ingénieusement détournée pour créer un labyrinthe qui toutefois n'en est pas vraiment un. Cette rupture de la trame orthogonale semble agrandir l'espace en créant un jeu de circulations complexes sur des allées de brique ou de pierre. Les plantes et les fleurs auraient pu exister à l'époque de la maison. Un bassin accueille quelques plantes aquatiques, un mûrier offre son ombre noire en été et des lierres, des glycines et des *Polygonum baldschuanicum* masquent les murs de brique sombre des bâtiments voisins. *Hortus sereniger*… qui apporte la sérénité.

Jardins de la Renaissance

Comme dans tous les domaines de l'art et du savoir, la Renaissance marque profondément l'histoire des jardins. Le jardin clos médiéval, cantonné entre ses murs, à l'abri des regards, destiné aux dames ou aux moines, planté de fleurettes et d'herbes médicinales ou symboliques, ne correspond plus à l'évolution de la société et à la nouvelle richesse créée par le développement des échanges. Les forteresses se transforment en villas, les princes quittent leurs sombres palais urbains, chacun recherche un cadre plus riant et plus ouvert aux plaisirs. Un ouvrage paru en 1499, *Le Songe de Poliphile*, attribué au dominicain Francesco Colonna, devient le manifeste du nouveau jardin sous tous ses aspects – structure, horticulture, arboriculture. Il sera traduit et lu avidement dans toute l'Europe. Les jardins Renaissance font tomber les murs, ouvrent des perspectives vers la nature sauvage, créent des liens subtils visuels et fonctionnels avec la villa dont ils sont le prolongement, mettent en scène des statues antiques, manipulent l'eau sous d'innombrables formes ; les broderies décrivent des entrelacs de plus en plus complexes, les fleurs conquièrent les parterres remis au niveau du sol, les arbres sont taillés en exèdre. La nature semble un jeu de construction dont chacun remonte les éléments selon des règles souples. Les mathématiques (plans, perspectives), les sciences (hydrologie, agriculture) règnent alors et leurs manifestations, par exemple dans les jardins de Raphaël pour la Villa Madama à Rome, éblouissent les visiteurs. L'humaniste de la Renaissance est visiblement heureux de prouver sa nouvelle maîtrise du monde. Son jardin est l'expression achevée d'une culture de conquête.

Villa d'Este

Le jardin épique

TIVOLI, ITALIE
Date de création : 1550
Créateurs : Pirro Ligorio, Giacomo Della Porta et Orazio Olivieri

« S'il fallait dresser une liste des sept merveilles du monde des jardins, cette villa pourrait bien occuper la première place », écrivait en 1937 Geoffrey Jellicoe. Sous la plume d'un des grands paysagistes du XXe siècle, le compliment n'est pas mince et sera partagé par les milliers de visiteurs qui chaque année découvrent l'enchantement de Tivoli, malgré son état d'entretien relatif. Quatre hommes sont à l'origine de ce chef-d'œuvre qui inspire les peintres, les écrivains et les compositeurs depuis plus de quatre siècles : le cardinal Hippolyte II d'Este, fils de Lucrèce Borgia, Pirro Ligorio, architecte d'origine napolitaine qui étudiait à la même époque les vestiges de la Villa Adriana voisine, l'architecte romain Giacomo Della Porta, qui prit la suite du précédent, et Orazio Olivieri, fameux hydraulicien de l'époque, génie discret mais essentiel. La villa, cette énorme « caserne », disait Edith Wharton, ne fut jamais achevée mais joue un rôle dans l'étonnante construction en creux entreprise par Ligorio entre une colline escarpée et l'Aniene, rivière qui alimente une profusion de jets, de fontaines et de bassins. En élevant cette formidable muraille architecturée, il faisait prendre conscience de l'étagement vertigineux des terrasses, d'autant que les visiteurs étaient invités à entamer leur promenade par la partie inférieure, un *Giardino delle semplici*, jardin des simples à l'organisation fortement géométrique. Nous sommes ici devant le triomphe de la Renaissance maniériste qui annonce le baroque. L'effet est recherché, cultivé, même

Une véritable cataracte jaillit de la terrasse supérieure où s'élève l'imposante villa du cardinal d'Este.
Double page suivante : l'allée des Cent Fontaines, située à la base des terrasses, où l'eau est crachée par autant de têtes de lion ou de vases.

au prix de quelques lourdeurs ou infantilismes symboliques. On ne peut qu'être transporté par les jeux d'eau, l'allée des Cent Fontaines, le théâtre d'eaux jaillissantes, la fontaine du Dragon, la cascade des viviers, et même par l'atmosphère légèrement oppressante que créent les cyprès géants, le lierre envahissant, la mousse qui gagne bassins et fontaines, le vent s'engouffrant dans les allées poussiéreuses. Les jardins d'Este illustrent évidemment des thèmes symboliques dans l'esprit de la Renaissance finissante. Ligorio est probablement l'auteur de cette iconographie humaniste qui s'appuie à la fois sur des thèmes antiques comme la reconstitution de l'Olympe, sur des thèmes religieux avec une illustration de l'histoire de Noé et de Moïse, et sur le grand thème familial mêlé d'un paganisme aimable avec la présence multiple d'Hercule dans lequel le cardinal voyait un lointain ancêtre. La Villa d'Este est l'exemple même de ces grandes créations mythiques qui ont su renouveler avec le temps la fascination qu'elles exerçaient. Une célèbre gravure d'Étienne Dupérac de 1573 nous montre le jardin tout juste réalisé. Tout y est ordonné, lumineux, clair, les parcours sont évidents. Avec l'abandon relatif qu'a connu le domaine aux XVIIIe et XIXe siècles, la nature avait reconquis lentement mais avec force ses droits jusqu'à ce qu'une récente restauration réveille les jeux d'eau et les fontaines de cet orgueilleux Olympe cardinalice.

À gauche : la fontaine de l'Ovale, dominée par une statue de la sibylle de Tibur, élément majeur d'un théâtre d'eau.

Castello Ruspoli

Une histoire de famille

VIGNANELLO, ITALIE
Date de création : Fin du XVIe siècle
Créateur : Ottavia Orsini

Cet ancien monastère bénédictin transformé en forteresse au XIe siècle puis en château au XVIe siècle a conservé presque intacts ses jardins, toujours entretenus avec le plus grand soin par la princesse Claudia Ruspoli. Un inventaire de 1656 en dresse la liste : le jardin de verdure, le petit jardin secret, le *barchetto* (petit parc) et le *barco* (parc) réservés à la chasse, un bois et un verger. Le *Giardino di verdura* est l'un des jardins de la Renaissance italienne les mieux préservés. Il est dû à la comtesse Ottavia Orsini (fille de Vicino Orsini, du Sacro Bosco de Bomarzo), qui modernisa la forteresse à partir de 1582 pour la rendre plus agréable à vivre et lança de considérables travaux de terrassement et de soutènement en vue de créer les terrasses nécessaires sur un promontoire de tufeau fragile. Le jardin est divisé en douze compartiments, délimités par des haies taillées de laurier, de myrte et de buis à l'intérieur desquelles se déploient de fines broderies de buis. Au centre, un bassin à poissons élégamment festonné anime la composition d'un jet d'eau murmurant. Dans sa perfection, ce jardin est l'aboutissement du style de la Renaissance italienne qui, pendant deux siècles, allait inspirer les somptueux parterres des palais de France, d'Angleterre et d'Allemagne.

À la frontière de la Renaissance et des débuts du baroque, ce jardin vert en promontoire est conservé à l'identique par la famille Ruspoli depuis plus de quatre siècles.

Sacro Bosco

L'esthétique de la monstruosité

BOMARZO, ITALIE
Date de création : 1548-1580
Créateur : Vicino Orsini

Tant d'efforts, tant d'or, tant d'imagination investis dans un jardin qui sombra vite dans l'oubli ! Il fallut attendre les années 1950 pour que l'historien d'art Mario Praz le fasse redécouvrir et le sauve de la végétation qui l'avait englouti.
Qui était donc ce Vicino Orsini, organisateur de la transformation d'un ravin en contrebas de son château de Bomarzo en un jardin que devait saluer Salvador Dalí ? Héritier assez peu fortuné d'une branche cadette des Orsini de Rome, il avait connu quelques aventures militaires qui lui valurent deux années de prison en Belgique. Grand voyageur, il était aussi grand lecteur, en particulier d'ouvrages poétiques métaphysiques comme *Le Songe de Poliphile* attribué à Fra Francesco Colonna ou l'*Amadigi* de Bernardo Tasso, emplis de périples dans des contrées étranges peuplées de monstres, qui visiblement l'inspirèrent. Retiré sur ses terres, il décida de moderniser son lourd palais de Bomarzo. Sans pouvoir rivaliser avec Alexandre Farnèse qui faisait réaliser non loin la fabuleuse villa de Caprarola, il choisit peut-être de se distinguer par un jardin incomparable et y consacra le reste de son existence, de 1548 à 1580, ajoutant périodiquement une nouvelle sculpture, une fontaine, une grotte, un temple… mais énormes, bizarres, bancals, contrefaits. Beaucoup de visiteurs étaient choqués par le réalisme rustique de certaines sculptures qui les attendait à l'entrée, telle celle du géant écartelant une jeune femme. De multiples explications ont été émises. Le plan est confus ou a totalement disparu, seules subsistent quelques constructions et certaines sculptures, les « monstres », très proches en fait des grotesques que l'on remarque sur tant de décors peints de l'époque. Mais ici ils sont surdimensionnés et en pierre.
Bomarzo est l'un des rêves de jardin les plus extravagants de la fin de la Renaissance.

Ci-dessus, en haut : le dragon, qui évoque sans doute un passage du Tasse.
Ci-dessus, en bas : une nymphe endormie, de dimensions monumentales.
À droite : un masque hurlant disposé à l'extrémité d'une allée pour effrayer les visiteurs.

Villa Lante

L'expression du style Renaissance

BAGNAIA, ITALIE
Date de création : 1566
Créateur supposé : Vignole

Les jardins de la Villa Lante à Bagnaia, près de Viterbe, sont les seuls du Latium à avoir traversé les siècles sans modification importante. En 1566, le cardinal Gambara se vit attribuer le *barco* de Bagnaia, vaste réserve de chasse entourée de murs et située sur les hauteurs du bourg. Immédiatement il entama les travaux d'aménagement d'une villa en deux pavillons reliée au parc par des terrasses ascendantes. Sur un terrain difficile, il fit réaliser un

jardin d'agrément si réussi que tous ses successeurs le préservèrent. Le grand Vignole, sculpteur, architecte et paysagiste, serait à l'origine des plans. Comme à Tivoli, l'eau constitue le lien, l'axe et finalement le thème principal de ce jardin. Elle descend des hauteurs du parc par une succession de dispositifs variés, tous traités de la manière la plus originale. Le visiteur partait de la fontaine du Déluge, prise entre deux temples dédiés aux Muses, poursuivait vers la fontaine des Dauphins, atteignait celle des Géants, puis celle de Pégase, franchissait les grottes de Neptune et de Vénus pour parvenir à l'imposante fontaine des Maures aux portes du village. En passant il pouvait se restaurer à l'immense table du cardinal, parcourue en son centre par un canal sur lequel flottaient les plats, et se détendre au son de la *catena d'acqua*, petit aqueduc en pente dans lequel l'eau se déverse à une vitesse vertigineuse dans un éclaboussement de mousse, de lumière et de sons.

Les jardins de la Villa Lante sont l'expression la plus parfaite du jardin de la Renaissance, dédié aux délices de l'existence.

Dans ce théâtre d'eau qu'est le jardin de la villa, le Quadrato, *ou bassin carré, appelé aussi fontaine du Déluge, est l'aboutissement apaisé d'une succession de cascades et de fontaines. Des passerelles à balustrades permettent de se promener sur l'eau.*

La Gamberaia

L'élégance florentine

SETTIGNANO, ITALIE
Date de création : XVIIe-XXe siècles

Décrite par Bernard Berenson, Edith Wharton et Harold Acton, la Gamberaia est une élégante villa située à Settignano, sur les hauteurs de Florence. Édifiée en 1610, elle conserve, ainsi que ses jardins, le style de la fin du siècle précédent. Après avoir été amoureusement entretenue par ses propriétaires successifs, elle fut détruite à la fin de la Seconde Guerre mondiale mais restaurée pratiquement à l'identique. Ses jardins idylliques ont été réaménagés au début du XIXe siècle par Martino Porcinai et Luigi Messeri, deux paysagistes éminents qui surent en conserver l'essentiel et ne modifièrent vraiment que le bassin. Le charme photogénique de ce jardin assez petit et tout en longueur, suspendu en balcon au-dessus de la vallée de l'Arno, tient au lien qu'il crée entre la villa, les bois avoisinants et l'ouverture sur un paysage immense. Il offre non pas une pièce d'extérieur mais un appartement de plein air à plusieurs « pièces » (boulingrin, jardin de citronniers, « cabinet » de rocaille, jardin d'eau) séparées par des haies, des différences de niveau et même par une faille ; il est limité par une célèbre exèdre de cyprès taillés. Ces « pièces » donnent tantôt sur la villa qu'elles prolongent, tantôt sur la nature qu'elles ouvrent au regard. Le secret du lieu tient sans doute à cette concentration d'idées qui en fait un jardin Renaissance emblématique de l'Italie.

Restaurés au début du XXe siècle, les jardins de la Gamberaia, qui dominent Florence, n'en sont pas moins emblématiques de l'art de vivre dans la campagne toscane au XVIe siècle. Au fond, la célèbre exèdre.

Parc de Courances

La grandeur du style régulier français

COURANCES, FRANCE

Date de création : XVIe-XXe siècles

Pendant deux siècles on se plut à croire que le parc de Courances, à proximité de Fontainebleau, était l'œuvre d'André Le Nôtre. Cette origine ne s'appuyait sur aucun document précis mais était suffisamment flatteuse et plausible pour plaire aux anciens propriétaires et aux visiteurs. De récentes recherches, menées en particulier par les historiennes Sylvie de Gaspéri et Françoise Boudon, ont montré qu'il n'en était rien. Courances existait dans ses grands traits avant qu'André Le Nôtre se fît connaître, et si quelques contacts avaient été noués c'était avec son père, Jean. L'essentiel du parc était déjà formé en 1622. Les archives, puis les études cartographiques et aériennes, ont révélé par la suite qu'un premier projet de parc avait été mis en œuvre dès 1558.
Cette découverte, que l'on pressentait inconsciemment en parcourant les allées le long des vastes bassins, de l'immense canal et des pièces d'eau, montre en outre que Courances était un « jardin d'eau ». Ce type d'aménagement était très développé au XVIe siècle en Europe du Nord dans les régions marécageuses ou abondamment arrosées par des rivières aux berges encore mal délimitées. L'eau était

Le Miroir, devant le château. Les haies sont rythmées par dix statues inspirées de l'antique.

Ci-dessus : la pièce d'eau des Platanes doubles.
À droite : la pièce d'eau des Platanes simples.

une défense (sous forme de douves), une source d'énergie (pour les moulins) et aussi d'agrément puisqu'elle permettait l'agencement des parcs et jardins. En 1530, François Ier avait fait aménager à Fontainebleau un Grand Jardin divisé en îlots par un réseau de canaux ; par ailleurs, Androuet du Cerceau, dans son troisième *Livre d'architecture*, illustrait l'utilisation des canaux dans l'art des jardins, et Chenonceau avait poussé la mode de l'eau à son

extrême en installant le château sur la rivière même et ses jardins entourés de douves sur la rive.

La reconstitution du plan initial de Courances montre que, à la fin du XVIe siècle, le grand canal existait déjà, ainsi que les douves du château, la salle d'eau et ses quatorze gueulards d'où jaillit un flot généreux, les canaux de l'entrée, un « pré en l'île » entouré de canaux et deux étangs situés vers l'actuel jardin japonais. Au XVIIe siècle, cet aspect aquatique fut renforcé par les canaux latéraux dans l'axe du château, le bassin et le canal de la Gerbe, pendant que la petite rivière était canalisée.

L'intérêt de ces recherches tient aussi à la continuité qu'elles révèlent. Beaucoup de jardins célèbres ont été transformés au cours des siècles, souvent en bien, mais pas toujours, comme on peut le voir à Het Loo et à Villandry. Dans sa beauté irréfutable, faite de rigueur et de modernité intemporelle, Courances est le vecteur d'une grande tradition jardinière en Ile-de-France qui remonte à la Renaissance. La famille de Ganay défend ainsi depuis un siècle un témoignage vivant de l'histoire des jardins.

Page de gauche : les broderies introduites par les paysagistes Henri et Achille Duchêne en 1904. Ci-dessus : un des deux lions couchés en marbre – celui-ci aux yeux ouverts –, inspirés de Canova et exécutés en Italie au XIXe siècle.

Jardins baroques et rococo

Le XVIIe siècle européen des jardins est français. Une nouvelle prospérité et la fin des guerres de Religion allaient permettre à l'art de luxe des parcs et jardins royaux et princiers de s'épanouir. Richelieu en fut le grand artisan : en domptant la noblesse batailleuse, il lui laissa le choix entre raser ses forteresses ou les transformer en « maisons de plaisance ». Au milieu du siècle, le modèle italien importé par Catherine et Marie de Médicis à la cour de France est encore en vogue, mais l'arrivée au pouvoir de Louis XIV ouvre la porte à un style nouveau, voulu par le jeune souverain.
Dans le même temps, ceux que l'on appelait encore les jardiniers cherchent, progressent et trouvent des solutions nouvelles. Salomon de Caus publie ses *Nouvelles Inventions de lever l'eau plus haut que sa source avec quelques machines mouvantes*, qui permettent de régler le lancinant problème de l'alimentation en eau. Les recherches sur la perspective et l'optique du père Nicéron, en 1638, portent sur des manipulations optiques dont jouera à merveille Le Nôtre dans ses basculements vers l'infini et ses « perspectives ralenties » dont parlait Baltrusaïtis. André Le Nôtre étudie la peinture auprès de Simon Vouet, puis l'architecture chez Mansart. Pour Vaux-le-Vicomte et Versailles, il s'entoure de collaborateurs spécialisés (fontainiers, ingénieurs hydrauliciens, jardiniers, fleuristes…) et collabore avec le peintre Le Brun. Le jardin fusionne avec le parc ; il devient une forme artistique incontournable à laquelle tout personnage important doit se rallier. Le plan est régulier, l'eau est utilisée à profusion pour ses effets de miroir, de mouvement, de verticalité, des surprises sont ménagées, des statues matérialisent le plan et servent de relais au regard. Tout est pensé et calculé pour l'éternité. Le jardin est un tableau en trois dimensions dans lequel est invité à pénétrer le visiteur. Louis XIV était si enthousiaste de ce nouvel art qu'il rédigea lui-même en 1689 sa *Manière de montrer les jardins de Versailles*, petit guide à destination de ses hôtes de marque accourus de toute l'Europe, et qui, émerveillés, allaient diffuser ce nouveau style.

Versailles

Le modèle français des jardins

VERSAILLES, FRANCE
Date de création : XVIIe-XVIIIe siècles
Créateur : André Le Nôtre

Versailles ! Depuis le XVIIe siècle, des milliers de livres ont décrit le palais et son parc. On y a vu le triomphe de la royauté, l'apogée du style baroque, une thématique solaire et païenne, la gloire des architectes et des ingénieurs français et aussi l'une des raisons de la désaffection du peuple pour ses souverains. Cet immense complexe de milliers d'hectares est sans doute l'un des rares grands jardins historiques à avoir été conçus comme modèles.
Le jeune Louis XIV, dans sa mise en place d'un pouvoir absolu, avait assigné à cet ancien pavillon de chasse un rôle symbolique majeur : il devait matérialiser le lieu d'où irradiait sa puissance. Destiné à inspirer le respect de la monarchie à la noblesse française, le projet fut bientôt repris par d'autres cours d'Europe.
Les jardins étaient aussi importants que le palais, et rien n'est plus intéressant que de lire les commentateurs de l'époque comme Félibien, Madeleine de Scudéry, Deslauriers et beaucoup d'autres, sans oublier les critiques du marquis de

Ci-contre : la fontaine du bassin de Latone. Les sculptures des frères Balthazar et Gaspard Marsy illustrent un sujet tiré des Métamorphoses *d'Ovide. Par ses prières, Latone, mère de Diane et d'Apollon, a transformé en lézards et en crapauds des paysans qui l'avaient insultée.*

La Fage prudemment publiées en 1717. Ce qui les frappe le plus est l'utilisation de l'eau. Alors que les contemporains ne connaissent de celle-ci que sa rareté dans les villes, les ravages des crues et la pestilence des marais, ils découvrent ici une eau domestiquée, abondante, toujours prête à rafraîchir, à surprendre, à amuser, à retenir l'œil. On s'émerveille des immenses travaux pour détourner l'Eure (coûteux fiasco) et de l'énorme machine de Marly qui pompe l'eau de la Seine, du Grand Canal sur lequel on navigue en bateau, et des milliers de fleurs, des kilomètres de broderies de buis, des hectares de gazon, des milliers d'arbres fruitiers du verger, que permettent de faire vivre les exploits hydrauliques de Le Nôtre et de ses équipes.
Louis avait ainsi domestiqué la Nature dans l'un de ses aspects les plus fuyants et les plus redoutables. Cette volonté imposée à l'eau, aux arbres, aux plantes, à la nature tout entière, il la fera porter dans le même temps sur les arts et sur le peuple : toujours et tout soumettre, organiser, contrôler.
Cet énorme parc d'attraction thématique du pouvoir finira par lasser. L'eau se tarira, les fleurs odorantes ne seront plus transportées dans leurs vases d'argile pour précéder la promenade du roi, les bosquets seront négligés, et bientôt les Trianon auront leur propre jardin dessiné, enfin, pour le seul plaisir.

Ci-dessus : le parterre de l'Orangerie (1678) et le départ de la pièce d'eau des Suisses, agrandie à partir de 1683.

Het Loo

Le jardin retrouvé

APELDOORN, PAYS-BAS
Date de création : XVIIe-XXe siècles
Créateurs : Jacob Roman et Daniel Marot

Lancés en 1974, les travaux de reconstruction des jardins du palais royal de Het Loo ont révélé, au sens propre, l'une des plus intéressantes créations de la fin du XVIIe siècle en Europe du Nord. Guillaume III d'Orange, stathouder de Hollande, avait édifié en 1685 cet agréable palais inspiré du modèle versaillais malgré les mauvais rapports entre les Pays-Bas et la France. Le bâtiment en brique était très raisonnable, mais ses jardins de plaisance furent dessinés avec beaucoup d'élégance par le sculpteur et architecte hollandais Jacob Roman et le Français Daniel Marot, réputé pour ses parterres de broderies. Le palais fut un peu délaissé lorsque Guillaume devint roi d'Angleterre, puis il fut transformé vers 1804 par Louis Bonaparte, devenu roi de Hollande. Par une sorte de curieuse répétition de l'histoire, il céda à la mode anglaise, donc à celle des ennemis jurés de la France napoléonienne, et fit recouvrir le tracé classique par 1,50 mètre de terre, planter un parc et semer des pelouses… En 1911, le palais fut totalement défiguré par un étage supplémentaire, et ce n'est que depuis quelques années que Het Loo montre de nouveau son style original.

Les jardins ont retrouvé leur plan à la française, symétrique, animé par le creusement de la partie devant le château, embellie par huit parterres de broderies et bordée de terrasses et d'une allée de chênes. Plus loin, le jardin supérieur en arc de cercle contient quelques jeux d'eau. L'originalité tient aux broderies raffinées de Marot qui font appel aux pelouses et aux rubans de gazon et à d'étroits parterres de fleurs pris entre deux petites haies de buis. Het Loo est de nouveau l'un des monuments les plus visités des Pays-Bas, comme au XVIIe siècle.

Ci-contre : au début du XIXe siècle, les jardins à la française avaient été transformés en parc à l'anglaise. Ils ont récemment été reconstitués, y compris le globe terrestre, fidèle au modèle d'origine.
Ci-dessus : le château et toutes les constructions sont en brique sombre.

Levens Hall

Le goût des formes

KENDAL, GRANDE-BRETAGNE
Date de création : 1694-1810
Créateur : Guillaume Beaumont

Les jardins de Levens Hall, au nord de l'Angleterre, illustrent l'humeur voyageuse des influences artistiques. Le colonel James Grahme s'était installé en 1688 dans cette grande demeure élisabéthaine. Il la modernisa avec discrétion et appela auprès de lui Guillaume Beaumont, élève français de Le Nôtre, qui avait fait merveille dans les jardins du palais royal de Hampton Court. Sur un terrain de dimensions réduites, il organisa un parc formel autour d'une allée de hêtres désormais historique, mais surtout dessina un fabuleux jardin de topiaires au plus près de la maison. Cet art d'origine italienne s'était beaucoup développé au XVIIe siècle aux Pays-Bas ; or on sait que Beaumont – qui faisait sans doute partie des protestants chassés par la révocation de l'édit de Nantes – avait séjourné en Hollande avant de s'installer en Angleterre. Il mit à profit ses nouvelles connaissances pour créer un véritable ballet de formes abstraites, anthropomorphes et zoomorphes : pièces de jeu d'échecs, spirales, couronne, une reine Elizabeth et ses dames de compagnie, hémisphères, bordures de parterre profilées… Le buis vert et le buis doré se prêtent ici merveilleusement aux tailles bisannuelles pratiquées depuis l'origine. Levens Hall, revivifié au début du XIXe siècle, reste le témoignage étonnant d'une volonté méticuleuse et obstinée de soumettre la nature à son idée.

Depuis sa création à la fin du XVIIe siècle, Levens Hall est visité par les amateurs de topiaires du monde entier. Plusieurs campagnes de restauration n'ont pas compromis le charme extravagant de ce jardin.

Peterhof

La vitrine du pouvoir

PETRODVORETS (PETERHOF), PRÈS DE SAINT-PÉTERSBOURG, RUSSIE
Date de création : 1717
Créateurs : Jean-Baptiste Le Blond, Niccolo Michetti et Johann Braunstein

Les travaux de Peterhof commencèrent en 1714, mais ce n'est qu'après le voyage de Pierre le Grand en France et sa visite de Versailles que le tsar décida de créer ce qui allait devenir l'un des plus somptueux jardins du XVIIIe siècle. Il fit appel au Français Jean-Baptiste Le Blond qui, arrivé en Russie en 1717, dessina abondamment et lança les premiers chantiers. À sa mort en 1719, ses plans furent repris par les architectes Niccolo Michetti et Johann Braunstein, responsables de l'architecture du palais.
Peterhof est l'un des derniers grands jardins d'eau baroques. On découvrit en effet, en 1720,

des sources abondantes qui permirent de jouer pleinement sur la thématique aquatique suggérée par la proximité du golfe de Finlande.
Le tsar arrivait d'ailleurs le plus souvent de Saint-Pétersbourg en bateau par un petit canal face à la gigantesque cascade qui semble jaillir de la base même du palais. L'effet était – et reste – des plus spectaculaires. Les jardins se répartissaient en deux grandes terrasses, les bassins de la terrasse supérieure assurant l'alimentation régulière des jeux d'eau de la terrasse inférieure. Pas moins de cent soixante-seize fontaines furent installées. Chacune s'inspirait d'un thème particulier : fontaines d'Adam et d'Ève, fontaines italienne et française, cascade de la Montagne d'or, cascade de l'Échiquier gardée par des dragons, cascade des Coquilles dans le jardin chinois, mais aussi multiples petites fontaines à surprise comme une fontaine-tulipe éclaboussante ou des arbres-fontaines scintillant dans le soleil. Cette débauche d'eau, de machines, de statues dorées, de pavillons, de jardins à thème avait un but précis : montrer à tous que la Russie victorieuse de la Suède était désormais une puissance majeure en Europe. À la manière de Versailles, les jardins de Peterhof étaient une superbe machine politique.

Double page précédente : Pierre le Grand avait cette vision de son palais lorsqu'il arrivait par la mer de Saint-Pétersbourg.
Page de gauche : les bassins du jardin supérieur alimentent les innombrables jeux d'eau du jardin inférieur, et en particulier le grand escalier d'eau.
Ci-dessus : les jardins sont protégés du golfe de Finlande par une digue.

Bizy

Jeux d'eau

VERNON, FRANCE
Date de création : 1723-1817
Créateur : Contant d'Ivry

Bizy fait partie de ces châteaux méconnus qui furent pourtant appréciés par de nombreux grands personnages, comme le duc de Belle-Isle, petit-fils de Fouquet, Louis XV, le duc de Penthièvre, petit-fils de Louis XIV, ou le roi Louis-Philippe, qui y séjournait souvent : « Ce n'est qu'à cinq quarts d'heures de train de Paris… » La construction des jardins commença en 1723, avant celle du château et des cascades (1728-1739), et se poursuivit après 1759, couvrant ainsi une période qui reconnaît déjà l'apport de l'influence anglaise mais ne peut encore se passer du charme italien et baroque des jeux d'eau. Louis-Philippe fit redessiner le parc à l'anglaise et planta les arbres immenses que l'on admire aujourd'hui. Le château fut ensuite démoli en 1858 par son nouveau propriétaire, le banquier protestant Ferdinand von Schickler, et reconstruit dans un style italianisant non dépourvu de noblesse. Vingt ans plus tard, il devenait la propriété de la famille Suchet d'Albuféra, et il l'est encore aujourd'hui. Toute trace du jardin baroque a disparu sous les réaménagements à l'anglaise, mais le chemin d'eau rococo est demeuré tel, exceptionnel par son implantation et son déroulé. Il part d'un flanc de colline dominant le château où une fontaine de Gribouille recueille quelques sources, se précipite dans un escalier d'eau gardé par deux poissons ailés, débouche dans le bassin des chevaux marins, franchit le porche majestueux des écuries (inspirées de celles de Versailles), alimente la fontaine du Dauphin, emplit un bassin en forme de violon au centre de la cour des écuries, s'engouffre sous le château puis ressurgit face à lui dans un bassin chantourné d'où s'élève un jet vigoureux. Un peu partout en Europe, la négligence, les coûts d'entretien, le tarissement des sources, l'évolution du goût ont fait disparaître la plupart de ces jeux d'eau rocaille ou rococo. Bizy reste un exemple rare de ces luxueux divertissements.

À droite : le majestueux escalier d'eau qui part du flanc d'une colline. L'eau ressort dans la cour du château.
À gauche, en haut : vue du parc à l'anglaise.
À gauche, en bas : le château de Bizy, remodelé à deux reprises au XIXe siècle.

Parc del Laberint d'Horta

Un minotaure transformé en Éros

BARCELONE, ESPAGNE
Date de création : 1794-1850
Créateur : Domenico Bagutti

À gauche : le labyrinthe de cyprès taillés formant un dédale parfaitement opaque.
Ci-dessus : le jardin des buis, d'esprit italianisant.

Les aventures de Thésée, d'Ariane et du Minotaure ne pouvaient que séduire le public lettré européen, grand amateur de mythes et de symboles depuis la Renaissance. C'est ainsi que l'on vit fleurir d'innombrables labyrinthes en Italie, mais aussi en France et en Angleterre, dont beaucoup disparurent, victimes de la défaveur de l'art topiaire mais surtout du manque d'entretien. Néanmoins, Antoni Desvalls, marquis de Llupià i Alfarràs, homme de grande culture, décida en 1791 de réaliser un important jardin dans l'une de ses propriétés des environs de Barcelone. Il fit appel à l'architecte italien Domenico Bagutti (1760-1836) qui entama des travaux dont le

À gauche : une source naturelle alimente un jet d'eau devant une grotte qui sert d'abri à la nymphe Égérie, rappel d'une grotte vue à Stourhead, en Angleterre.
Ci-contre : au-dessus du labyrinthe, ce double escalier permet d'accéder à une terrasse s'achevant à ses deux extrémités sur un petit temple abritant des statues d'Artémis et de Mélissa.

marquis n'avait pas encore vu la fin à sa mort vers 1850. Le propos était de réaliser un jardin néo-classique, donc d'esprit composite.
Il ne s'agissait plus de contrôler la nature d'un seul regard mais de surprendre, d'amuser, de déconcerter, de séduire les sens et l'intelligence. Bagutti créa quatre niveaux : le premier aménagé à l'italienne pour l'agrément des hôtes du palais, le deuxième planté de bosquets, le troisième occupé par le labyrinthe, enfin une vaste zone réservée à un étang et à diverses constructions pittoresques. Le labyrinthe (45 x 50 mètres) est composé de cyprès étonnamment serrés et vivaces. Le bon parcours, relativement simple, conduit à une placette centrale où s'élève une statue, non pas du Minotaure, mais d'Éros, entourée d'une exèdre.
La famille Desvalls conserva cette étonnante splendeur jusque dans les années 1970, puis céda le domaine à la ville de Barcelone. Le public afflua et le labyrinthe en souffrit. Aujourd'hui restaurés à l'identique et gardés, les jardins de Horta sont sans doute l'un des plus beaux témoignages historiques de l'art des jardins en Catalogne.

Parc de la Reggia

Un geste royal

CASERTA, ITALIE

Date de création : XVIIIe siècle
Créateur : Luigi Vanvitelli (Ludwig Van Wittel)

La monumentalité de Caserta dérange depuis sa création. Le palais serait trop massif, inspirerait la claustrophobie, et ses jardins seraient disproportionnés. Ces critiques sont injustes, car le palais n'a jamais été achevé, ses circulations sont les plus fluides du XVIIIe siècle, et le geste de paysagiste dont témoignent ses jardins est peut-être le plus grandiose depuis le Grand Canal de Versailles.

Le rapprochement avec le palais de Louis XIV n'est pas fortuit, puisque Caserta a été édifié par son arrière-petit-fils Charles III – roi de Naples puis d'Espagne –, qui avait en tête le modèle français. À Naples, il avait fait l'expérience désagréable d'être à portée des canons de la flotte anglaise, et c'est pourquoi il décida de déplacer sa capitale dans les terres, au pied des monts de Tifatini.

Les plans sont confiés au Hollandais Ludwig Van Wittel, italianisé en Vanvitelli, brillant architecte, ingénieur, peintre et paysagiste qui y consacra les vingt-deux dernières années de sa vie avec l'appui de Charles puis de son fils, Ferdinand IV. Ces plans concernent un palais grandiose mais aussi une cité, un aqueduc spectaculaire de 30 kilomètres de long, une fabrique de soierie, modèle de développement industriel, des fermes expérimentales, des réserves de chasse et enfin des jardins.

La première pierre est posée en 1762 et le palais, comprenant mille deux cents pièces, est achevé dix ans plus tard.

Le grand « geste » du parc de la « Reggia » de Caserta n'est rien d'autre que le plus long escalier d'eau du monde baroque. Le flux part du flanc d'une colline d'où il se précipite pour

L'un des derniers grands gestes du style baroque : l'eau jaillit du flanc de la montagne et se précipite vers un bassin.

tomber 150 mètres plus bas dans la fontaine de Vénus et d'Adonis placée sous le signe de l'amour, puis dans la fontaine de Diane et Actéon, où celui-ci est attaqué par une meute de chiens de marbre. Il descend ensuite en pente douce sur les 3 kilomètres qui le séparent du palais accompagné le long des bassins successifs par tout un peuple de tritons, d'animaux fabuleux, de cerfs et de naïades, avant d'arriver à l'énorme fontaine d'Éole, à proximité du palais. Du haut de cet escalier monumental, celui-ci semble presque minuscule, mais, par temps clair, on saisit bien le plan initial : de l'autre côté de la Reggia devait partir un « grand boulevard » qui la reliait tout droit à Naples et à la mer. Elle faisait ainsi lien entre la terre et la mer, et affirmait dans un axe ô combien majeur la puissance royale qui prenait en charge le développement du royaume. Certes, le parc actuel pourrait être rendu plus aimable en rétablissant les broderies et les vasques de fleurs florales et en éloignant la pression immobilière, mais cette percée étourdissante dans un espace qui se dilate à l'infini est un acte d'authentique grandeur.
À droite du bassin d'Actéon s'ouvrent les grilles

d'un jardin anglais que la reine Marie-Caroline fit aménager en 1782. Les nouvelles idées d'Angleterre parvenaient alors jusqu'à la pointe extrême de l'Europe… Puis vint Napoléon, et, avec le XIXe siècle, le triomphe du paysagisme anglais pour lequel un escalier d'eau de 3 kilomètres valait anathème.

Diane et ses nymphes face à Actéon transformé en cerf et attaqué par des chiens… Double page suivante : le plus long escalier d'eau d'Europe (3 kilomètres). Au fond, le palais de la Reggia.

Schwetzingen

Le grand cercle

SCHWETZINGEN, ALLEMAGNE

Date de création : XVIIe-XIXe siècles
Créateurs : Johann Ludwig Petri, Nicolas de Pigage et Ludwig von Skell

Schwetzingen, l'un des plus célèbres jardins d'Allemagne, miraculeusement préservé malgré les évolutions du goût et les ravages des guerres, enthousiasma l'Europe aristocratique et intellectuelle dès sa création à partir de 1748, au point que l'un des derniers souhaits de Voltaire fut de le revoir avant sa mort. L'électeur palatin Charles-Théodore (1724-1799), prince puissant et cultivé qui résidait à Mannheim, s'était pris

de passion pour cet ancien pavillon de chasse. Il l'agrandit considérablement, lui ajouta deux ailes basses en demi-cercle et demanda à Johann Ludwig Petri un jardin digne de cette résidence estivale. Celui-ci dessina un plan régulier mais de type nouveau, dont la première partie était comprise dans un immense cercle – forme encore jamais vue pour un jardin et rarement imitée par la suite – à partir duquel s'organisait une composition savante de parterres rectangulaires à subdivisions géométriques s'ouvrant vers un étang et les lointains montagneux.
Le milieu du XVIIIe siècle est une époque charnière. Arrive en effet d'Angleterre la mode d'une nature plus libre, opposée au jardin régulier de style versaillais adopté jusque-là avec enthousiasme par les princes allemands. Schwetzingen allait être en quelque sorte le banc d'essai grandeur nature

La grande charmille qui conduit au lac, et des fontaines animalières en marbre blanc que l'éclairage naturel rend presque translucide.

À gauche : la fontaine du Bain des oiseaux, aux sculptures jadis en plomb de Barthélemy Guibal, achetée à Lunéville après la mort de Stanislas Leszczynski. Ci-contre : exèdre au bord du lac.

des modes successives du moment : anglaise, pittoresque et néo-classique. Sensible aux idées nouvelles, Charles-Théodore fit appel à l'un des grands architectes français de l'époque, Nicolas de Pigage, qui venait d'œuvrer en Lorraine pour Stanislas Leszczynski. Pigage conserva le plan circulaire, prolongea les parterres jusqu'à un immense bassin entouré de vallonnements et saupoudra abondamment le tout de pittoresque : grottes, temple d'Apollon, fontaine aux oiseaux, temple de Mercure en ruine, théâtre, mosquée, charmille à fond de perspective peinte…
À partir de 1776, le paysagiste Ludwig von Skell fut chargé d'un nouveau programme d'extension, cette fois radicalement « à l'anglaise ». Il transforma le bassin en lac de forme libre et ouvrit un canal que franchit bientôt un charmant pont chinois laqué de blanc, symbole du triomphe des idées nouvelles que venaient de conquérir les créateurs de jardins. L'évolution de Schwetzingen se poursuivit au XIXe siècle, mais sans vraiment remettre en cause ce qu'avait voulu Charles-Théodore.

Huntington Botanical Gardens

Une collection de jardins

SAN MARINO, ÉTATS-UNIS

Date de création : XXe siècle
Créateur : Henry Edwards Huntington

The Huntington Library, Art Collections and Botanical Gardens, en pleine Californie, est un ensemble réalisé pour l'essentiel de 1903 à 1927 par Henry Edwards Huntington, qui le légua à l'État de Californie après sa mort. Cette collection de jardins s'admire comme une collection de tableaux ou de sculptures. De cet enchevêtrement de styles, de siècles, d'origines géographiques et d'espèces se détache

brusquement une perspective fulgurante, la North Vista, hommage à l'art baroque des jardins. Dans un alignement régulier qu'adoucit l'effervescence plumeuse des immenses et splendides palmiers dont Le Nôtre n'aurait pu rêver, défile une armée de statues de pierre ou de marbre datant de la première moitié du XVIIIe siècle. Elles proviendraient d'une villa de Padoue, prélevées à cette époque où les grands collectionneurs américains achetaient des bateaux entiers d'antiquités européennes. Cette grande allée de verdure se termine un peu brusquement sur un bassin de pierre. Lieu étrange qui anticipe les résidences néo-baroques construites peu après en Floride, la North Vista impose la rigueur de la raison dans la composition polymorphe des Huntington Gardens.

Dans cette collection de jardins que sont les Huntington Botanical Gardens, une collection de statues italiennes du XVIIIe siècle.

Jardins à l'anglaise

À la fin du XVIIe siècle, l'Angleterre cultive encore les survivances du jardin de style médiéval et Renaissance, comprend mal Versailles, se crispe dans un retour à l'art topiaire mis à la mode par George III, le roi venu de Hollande où cet art triomphe. On taille, on met en forme, on sculpte les haies en personnages, en animaux, et l'on tombe parfois dans le ridicule illustratif. C'est de la littérature que viendra la solution. Pope se moque de ces jardins étriqués, Milton évoque *Le Paradis perdu*, James Thomson chante « les perspectives infinies... », et deux grands paysagistes s'emparent de ces thèmes. Charles Bridgeman et William Kent vont bouleverser l'échelle des plans, inventer l'art du bouquet d'arbres, aménager des perspectives dans la nature « sauvage » environnante, créer des parcs comme s'ils peignaient des tableaux. Ce mouvement esthétique, qui culminera dans l'œuvre de Lancelot Capability Brown, est puissamment soutenu par le remarquable développement économique que connaît le pays. Les Amériques et le commerce enrichissent les grandes familles aristocratiques, et le système politique permet qu'elles demeurent une grande partie de l'année sur leurs terres, ce qui justifie l'aménagement de *country houses* somptueuses aux parcs immenses. Peut-être aussi la nature même du paysage anglais, doucement vallonné, ouvert, organisé en bocage et relativement peu boisé, favorise-t-elle la dilatation des plans. L'objectif est d'« améliorer » la nature plus que de la transformer pour accéder à une beauté idéale, sublimée par la présence de fausses ruines, de temples, de grottes. Cette approche toute théorique et artificielle, qui entraînait d'immenses travaux de terrassement, mit des décennies à s'imposer. Mais à la fin du XVIIIe siècle les pelouses avaient recouvert les parterres, les arbres exotiques avaient chassé les topiaires, les rivières et les lacs « naturels » avaient pris le pas sur les bassins et les canaux. Ces idées nouvelles traversèrent bientôt la Manche pour gagner le continent, l'Allemagne et finalement la France de Louis XV et de Louis XVI.

Stourhead

Comme un tableau du Lorrain

STOURTON, GRANDE-BRETAGNE
Date de création : 1745
Créateurs : Henry Hoare II, Henry Flitcroft et Richard Colt Hoare

Dans l'espace comme dans le temps, Stourhead est une magistrale leçon de paysagisme. En 1745, le banquier Henry Hoare II rentre d'un long voyage en Italie où il s'est enthousiasmé pour les paysages arcadiens de Claude Lorrain et de Gaspard Dughet. Pétri de références historiques et de fantasmes mythologiques, il décide de créer un nouveau paysage autour de sa résidence palladienne du Wiltshire avec l'aide de Henry Flitcroft, architecte

réputé. En quelques années, les deux hommes vont réaliser l'un des parcs paysagers les plus emblématiques du style anglais.
Un barrage sur la Stour donne naissance à un lac qui va modifier radicalement le panorama jusque-là purement végétal. Une allée en fait le tour pour multiplier les points de vue, un peu comme dans un jardin d'eau chinois. Un temple de Flore et une grotte d'Énée illustrent les préoccupations littéraires de Hoare, grand lecteur de l'*Énéide* de Virgile. Puis, en 1755, il élève à l'extrémité du lac un mystérieux Panthéon, inspiré de la *Vue de Délos avec Énée* du Lorrain. De 1760 à 1785 s'y adjoignent un pont – donnant l'impression qu'une rivière s'écoule vers le petit village de Stourton – et un temple d'Apollon. De petites constructions dans le goût pittoresque qui fait alors fureur se multiplient : une tente turque, un siège vénitien, une croix

Un paysage acadien dans la campagne anglaise. Au fond, un pont inspiré de Palladio (1742).

de Bristol (elle est authentique). De 1785 à 1820, l'héritier de Hoare, Richard Colt Hoare, élimine ces fantaisies et ouvre une nouvelle perspective vers le village que le « paysagiste » redessine puisqu'il fait désormais partie du tableau. Des créneaux ajoutés à l'église et à quelques bâtiments feront l'affaire. Les plantations sont modifiées par l'arrivée d'arbres exotiques et de lauriers afin que le temple d'Apollon semble surgir d'une mer de verdure. À la fin du XIXe siècle, seront plantés des magnolias appelés à devenir gigantesques.
Ainsi aura-t-il fallu plus de quatre-vingts ans pour créer ce parc, très visité dès sa création. Aujourd'hui, Stourhead reste magnifique, mais d'une splendeur qui n'est plus celle que l'on admirait à l'époque de son projet : arbres et magnolias ont grandi au point de refermer les vues sur le lac. Celui-ci était le miroir sur lequel le regard rebondissait dans tous les sens à la recherche de nouvelles surprises, il est maintenant le centre de l'attention. D'une lumineuse clarté arcadienne, on est passé à un romantisme presque gothique. Ce sentiment que tout se transforme sans cesse, que l'œuvre est mouvante, n'est pas une des moindres fascinations de l'art des jardins.

Le temple d'Apollon, sur des plans de Henry Flitcroft, est directement inspiré de la Vue de Délos avec Énée *de Claude Lorrain. Il contient une collection de statues.*

Sanspareil

Les aventures de Télémaque

WONSEES, ALLEMAGNE
Date de création : 1744
Créateur : Wilhelmine, margravine de Bayreuth

En 1744, la margravine de Bayreuth, Wilhelmine (1709-1758), souhaitant s'éloigner de son époux volage, décida d'aménager une ruine de château que la famille possédait à Zwernitz, dans l'austère Suisse franconienne. Là elle découvrit, au milieu d'un bois de hêtres voisin, d'étranges formations calcaires composant des grottes, des failles, des escarpements. Même si elle écrivit à son frère Frédéric II de Prusse que « la nature en fut le seul architecte », c'est bien à elle que l'on doit ce premier jardin paysager d'Europe continentale. Femme cultivée, elle s'était enthousiasmée à la lecture du *Télémaque* de Fénelon et décida de le mettre en scène. Elle profita du relief naturel pour créer une grotte de Calypso, un temple d'Éole, une caverne de Vulcain, un théâtre de pierre aux allures piranésiennes, et quelques petites constructions en pierre ou en bois depuis longtemps disparues. On devait beaucoup se distraire à se promener dans cette sombre forêt, à découvrir les surprises, les collations, les petits concerts, les pièces de théâtre que préparait la margravine. Aujourd'hui, Sanspareil a perdu toute sa gaieté. Le soleil a du mal à percer la voûte des arbres, les constructions sont rongées de mousse, et l'on pense désormais aux monstres de Bomarzo et aux gravures de William Blake plutôt qu'aux aventures formatrices du jeune Télémaque. Mais le jardin-jouet de Wilhelmine y a gagné une authentique valeur poétique.

L'entrée inquiétante du domaine enchanté de Sanspareil.

Canon

La passion d'une vie

MÉZIDON-CANON, FRANCE
Date de création : 1770-1785
Créateur : Élie de Beaumont

À travers *La Nouvelle Héloïse* ou *Les Rêveries du promeneur solitaire*, Rousseau avait mis à la mode un retour à la nature que semblait incarner le nouveau style des paysagistes anglais. Élie de Beaumont, ami de Voltaire avec lequel il entretint une correspondance sur les jardins, avait voyagé en Angleterre et découvert la *country house* de Stowe et les jardins de Kew qui l'avaient fasciné. En 1770, il devint propriétaire de Canon, une résidence de campagne

édifiée peu auparavant et précédée de jardins dans le grand style français. Il modernisa le château et conserva la trame du plan orthogonal du parc à laquelle il superposa un ordre souple à l'anglaise, aidé par une petite rivière qu'il fit canaliser, des bassins, des cascades et des plantations en bosquets de platanes, d'ormes, de tilleuls, d'ifs et de charmilles. De fortune limitée, il ne put faire construire qu'un nombre réduit de fabriques, mais fonctionnelles, comme un pavillon de bains dont la baignoire se trouvait juste au niveau de la rivière qui longeait les murs. Étonnantes aussi, les « chartreuses » réalisées en 1775, treize pièces de maçonnerie ouvertes vers le ciel formant de petits vergers palissés. « J'ai de tout dans mes jardins… du peigné et du sauvage », écrivait Voltaire à propos de sa propriété de Ferney. Canon est à cette image : il associe des styles successifs, voire opposés, dans une organisation consensuelle marquée par l'esprit élégiaque des lectures de son créateur. Beaumont mourut en 1786 endetté, et ses enfants firent démolir plusieurs fabriques pour réduire les frais d'entretien du domaine. Dans un XVIIIe siècle qui ne connaissait pas encore les machines, l'art de transformer la nature supposait une solide fortune.

À la fin du XVIIIe siècle, Canon marie avec subtilité les styles français et anglais.

Wörlitz

Un jardin des Lumières

DESSAU, ALLEMAGNE

Date de création : XVIIIe siècle
Créateurs : Friedrich Wilhelm von Erdmannsdorff, Johann Leopold Schoch et Johann Georg Schoch

Le domaine de Wörlitz comprend un village, un château néo-classique et de très nombreuses constructions dont un panthéon (à droite).

Goethe dit un jour que *Les Affinites électives*, ce brillant roman relatant la création d'un parc paysager, lui avaient été inspirées par Hirschfeld, auteur d'une mémorable *Théorie de l'art des jardins* en cinq volumes publiée en 1779, et par Wörlitz. Depuis vingt ans toute l'Europe parlait de Wörlitz, ce parc créé par le prince Leopold Friedrich von Anhalt-Dessau, qui voulait faire de sa principauté une « république des érudits ».

Le domaine s'étend à quelques kilomètres de l'Elbe autour d'un bras mort du fleuve transformé en lac. Le prince avait beaucoup voyagé en Angleterre, accompagné de son architecte von Erdmannsdorff et de son jardinier Eyserbeck, et en avait rapporté les idées nouvelles de Chambers et de Capability Brown qui semblaient révolutionnaires dans un pays habitué aux copies réduites de Versailles. À partir de 1770 et pendant

vingt ans, il se lança dans d'énormes travaux d'assainissement puis de remise en forme de plusieurs centaines d'hectares pour réaliser un parc « anglais » d'une dimension, d'une variété et d'une intelligence de conception uniques. Perspectives changeantes, points de vue, surprises, tableaux, ordonnancement d'une nature apaisée, constructions pittoresques, ouverture sur la nature réelle, tout cela se trouve à Wörlitz. Et s'y ajoute la dimension de l'esprit des Lumières dans une vision « culturelle » de ce que devait être une résidence princière dans une approche économique du domaine. Le prince de Ligne, l'homme de Belœil, grand connaisseur de jardins, décrivait Wörlitz comme une pièce en cinq actes et sept scènes et citait dans l'ordre les quelque quarante bâtiments nouveaux édifiés autour du lac : la résidence, bien sûr, mais aussi une bibliothèque, une maison gothique, un temple de Vénus, un temple de Flore, un nymphée, des ponts et, au centre du lac, l'île consacrée à Jean-Jacques Rousseau que le souverain avait rencontré à Paris… Malgré leur aspect parfois pittoresque, ces constructions étaient toutes d'une réelle qualité architecturale et avaient une fonction propre. La plus futile et la plus étonnante était un volcan qui pouvait cracher des flammes et dans les flancs duquel était tapi un temple de la nuit éclairé de verres de couleur.

Wörlitz confirme l'entrée de l'Allemagne dans l'histoire des jardins et anticipe le néo-classicisme, le *Klassizismus*, que l'on verra à l'œuvre avec Lenné et Schinkel à Potsdam, une fois passée la tornade napoléonienne.

À gauche : la maison « gothique », de style Tudor d'un côté, et vénitien de l'autre (1793-1813).
Ci-contre : pont en rocaille, l'un des neuf ponts du domaine.

Groussay

Un parc d'illusion

MONTFORT-L'AMAURY, FRANCE
Date de création : 1950-1970
Créateurs : Emilio Terry et André Sérébriakoff

« Jouer au naturel la carte de l'illusion », tel était le propos de Charles de Besteigui, richissime amateur d'art d'origine sud-américaine dont la famille avait fait fortune dans les mines d'argent. Son appartement parisien avait été aménagé par Le Corbusier et il possédait le palais Labbia à Venise, où il avait donné en 1951 la célèbre « fête du siècle ». En 1939 il avait également acquis le château de Groussay, non loin de Paris, « sans aucune contrainte de

protection ou d'urbanisme » Son projet qu'il mit en œuvre de 1950 à sa mort en 1970, n'était pas de faire revivre le style XVIIIe ou un jardin anglo-chinois, mais de créer un lieu qui contînt et évoquât les splendeurs du meilleur du style européen du XVIIe au XVIIIe siècle. Groussay ne reconstitue rien, mais s'inspire de. C'est un travail sur l'imaginaire stylistique à partir de modèles glanés en Angleterre, en France, en Italie, en Espagne et jusqu'en Suède.

Pour la réalisation de cette « folie », sur laquelle il avait des idées précises et arrêtées il s'entoura d'Emilio Terry, architecte et décorateur assez peu gentiment surnommé le « père du style Louis XVII », et d'André Sérébriakoff, peintre et décorateur qui connaissait toutes les grandes demeures d'Europe. L'œuvre étonne encore aussi bien par le luxe brillant et intelligent du château que par l'ampleur du parc et l'originalité de ses quatorze fabriques.

Groussay n'a jamais été totalement achevé mais a été classé monument historique en 1993. Ce classement était un hommage à l'une des dernières grandes créations privées de jardin en France et à une ambition résolument antimoderne dont la réussite a été la meilleure des excuses.

Le château de Groussay (XIXe siècle, restauré à partir de 1938). Au premier plan la pagode est une des fabriques dues à Alexandre Sérébriakoff.

Jardins contemporains

Jardins botaniques

Au IVe siècle avant J.-C., Aristote avait réuni une collection de plantes considérée parfois comme l'ancêtre des jardins botaniques. Dans un monde longtemps soumis aux incertitudes de la production agricole, le jardin de plantes, le jardin d'herbes, le jardin de simples remplirent longtemps la fonction essentielle de préserver et de faire découvrir des plants rares ou exotiques, ou dotés de propriétés particulières comme les plantes médicinales. Ils se trouvaient essentiellement dans les couvents et les universités, lieux quasi exclusifs du savoir jusqu'à la Renaissance. Au XVIe et au XVIIe siècle, l'esprit de collection et de lucre s'empara de ce domaine, et de nombreux amateurs se lancèrent dans des échanges ou des spéculations, comme celle qui porta sur la tulipe et provoqua l'effondrement de la Bourse d'Amsterdam en 1635. Au XVIIIe siècle, les scientifiques et les économistes qui cherchaient à développer la production agricole se passionnèrent pour le végétal, et des jardins spécialisés furent créés dans toutes les villes d'Europe – et aussi aux États-Unis et au Japon – à la suite des travaux du Suédois Carl von Linné (1707-1778), qui ouvrirent la voie à une classification méthodique des plantes.

Aujourd'hui, la botanique est moins une science de découverte que de préservation des espèces et de leur diversité. Elle accompagne l'homme dans sa relation avec la nature, devenue de plus en plus difficile. De nouveaux jardins botaniques, tel l'Eden Project en Cornouailles, retracent le bilan de milliers d'années d'histoire des plantes, à travers leur étude, leur défense et la considération de tout ce que nous leur devons. Sans jamais oublier leur beauté.

Parmi les plus grandes serres du monde, les énormes « biomes » imaginés par Nicholas Grimshaw atteignent 50 mètres de hauteur.

Eden Project

Utopie et écologie

SAINT-AUSTELL, GRANDE-BRETAGNE
Date de création : 1998-2001
Créateurs : Tim Smit et Nicholas Grimshaw

Eden Project est certainement le jardin botanique le plus passionnant jamais réalisé au XXe siècle et sans doute pour une bonne partie du XXIe. Jardin botanique est un terme modeste et trompeur, tant semblaient ambitieuses au départ les dimensions éducatives, touristiques et citoyennes de ce projet de 110 millions d'euros.
L'idée en revient à Tim Smit qui, en 1994, imagina la création d'un jardin qui rassemblerait les plantes du monde entier utiles à l'homme et utilisées par lui depuis la préhistoire, mais qui serait aussi un laboratoire montrant à la fois la vie des végétaux dans leur environnement et la façon dont nous les avons peu à peu domestiqués. Ce panorama historico-écologique devait se répartir en trois zones : une zone de climat tempéré à ciel ouvert, une zone tropicale humide, et une zone de climat tempéré chaud, les deux dernières sous des serres assez vastes et assez hautes pour permettre le développement d'une véritable forêt… Mais où ? avec qui ? à quel coût ? Tout restait à faire.
Smit et ses amis se consacrèrent à ce projet et réussirent à convaincre Nicholas Grimshaw, l'architecte de la nouvelle Waterloo Station, l'agence d'ingénierie Ove Arup et de très nombreux spécialistes de se joindre à leur initiative ; surtout ils persuadèrent le conseil d'administration du Millenium – l'organisme chargé de distribuer l'argent de la Loterie nationale à de grands projets pour les célébrations du millénaire – de leur accorder 55 millions d'euros. Enthousiasme, foi et difficultés firent le reste : trouver le lieu – une ancienne carrière de kaolin perdue dans la campagne –, reconstituer les sols, mettre au point l'idée merveilleuse de ces serres biomorphiques, réunir les plantes.
Et les visiteurs ne se firent pas longtemps attendre : ils étaient déjà 500 000 à venir voir le chantier en l'an 2000, et 1,25 million à visiter cet étonnant jardin d'anticipation en 2005. Eden Project est une preuve supplémentaire que la nature est populaire.

Jardin anglais de Caserta

Une beauté nostalgique

CASERTA, ITALIE
Date de création : 1782
Créateurs : John Andrew Graefer, Carlo Vanvitelli et Joseph Banks

En 1782, à l'extrémité supérieure du glorieux escalier d'eau de Caserte, la reine Marie-Caroline d'Autriche, épouse de Ferdinand IV et sœur de Marie-Antoinette, fit aménager sur 25 hectares un ravissant jardin anglais. Heureusement délaissé par les touristes épuisés par la montée à la fontaine de Vénus, il offre ses ombrages, la fraîcheur de ses sources et ses points de vue multipliés par un savant jeu d'allées en courbes. Remarquablement entretenu, ce *Regium Viridarium Casertanum* est également l'un des plus riches et des plus anciens jardins botaniques d'Europe, sans l'aspect lourdement didactique et pauvret trop souvent attaché à ce type de lieu. Dessiné sur un plan informel complexe par le jardinier britannique John Andrew Graefer, aidé par Carlo Vanvitelli, fils de l'architecte de la Reggia de Caserte, et conseillé par le botaniste Joseph Banks, il met en place des allées, des mouvements du sol, des ruines, des bassins, des passages secrets, des statues – dont certaines viennent de Pompéi ou de la collection Farnèse – et des jeux d'eau. Graefer réussit à importer des plants de Chine et du Japon, dont un des premiers camélias, et parcourut la Campanie, la Sicile, Capri et Ischia afin de rapporter des plantes qu'il cultivait ensuite dans quatre belles serres. Ce jardin, que la reine aurait personnellement financé, fut jugé tellement moderne en son temps qu'il exerça longtemps une grande influence dans le sud de l'Europe. Plus que d'autres, il fut très respecté et se présente encore sous son plan initial. Il compte même encore de nombreuses plantations d'origine qui renforcent la nostalgie de ce lieu préservé.

À gauche : l'une des nombreuses pièces d'eau du jardin botanique de Caserta. Ci-dessus : tapies dans la végétation luxuriante, les statues participent à la mise en scène de surprises et de découvertes.

Huntington Botanical Gardens

Une collection de jardins

SAN MARINO, ÉTATS-UNIS

Date de création : 1903-1968
Créateur : Henry Edwards Huntington

Henry Edwards Huntington (1850-1927) était un homme d'entreprise. Il avait fait fortune dans les tramways de la Pacific Electric à Los Angeles, avait reçu un énorme héritage à la mort de son oncle et avait épousé sa tante ; mais n'ayant pas d'enfant, il se résolut à consacrer son existence à une œuvre qu'il pourrait léguer à ses concitoyens. Sensible à la beauté du site de la vallée de San Gabriel à l'est de Los Angeles, il y acquit une vaste propriété agricole pour la transformer en domaine d'agrément et construire une maison qui abrite sa riche bibliothèque de livres rares. De la nécessité d'aménager les environs de cette vaste demeure de style colonial naquit sans doute chez ce grand collectionneur l'idée de créer une véritable collection de jardins. Aidé par le jeune jardinier William Hertrich qui resta cinquante ans à la tête de ce projet, il se lança donc dans cette

Le Desert Garden *(jardin du désert) réunit une collection de plus de 4 000 plantes du désert dont ces « coussins de belle-mère » dorés, véritables réservoirs d'eau.*

ambitieuse entreprise pour laquelle il se dépensa et dépensa sans compter.

De 1908 à sa mort en 1927, ce furent des travaux ininterrompus. Terrassements, aménagements hydrauliques, irrigation, enrichissement des sols, constructions, implantation d'arbres matures, tentatives d'acclimatation, échecs, recommencements et réussites (avec les premiers avocats plantés en Californie) se succédèrent dans une planification rigoureuse. Vers 1920, il possédait l'un des plus beaux jardins botaniques des États-Unis. Depuis, le domaine n'a cessé d'embellir et a été magnifiquement préservé grâce aux fonds importants légués par son créateur. Après la visite des collections de livres, de tableaux et de meubles des Huntington, le parcours se poursuit dans la nature où se succèdent une roseraie, un jardin de

Shakespeare composé des plantes citées dans les pièces du dramaturge, un jardin d'herbes, un jardin du désert qui, avec ses 4 000 espèces, constitue l'un des plus beaux ensembles de cactées du monde, un jardin japonais (voir page 55), une collection de cycades, un jardin australien, un jardin subtropical, un autre de palmes, une collection de camélias et des jardins d'agrément et de sculpture.

Le passage des années et le développement de la végétation ont gommé l'aspect un peu compartimenté d'origine : c'est aujourd'hui une fusion heureuse qui célèbre la grande unité de la nature.

Le Shakespeare Garden, *composé en 1983, qui réunit toutes les plantes citées par l'auteur dramatique dans ses pièces, est un des dix jardins à thème des Huntington Botanical Gardens.*

Marimurtra

La vitrine de la botanique méditerranéenne

BLANES, ESPAGNE
Date de création : 1920
Créateur : Karl Faust

Si la douceur du microclimat de Blanes est aujourd'hui un argument touristique, elle est bien réelle puisqu'en 73 Pline l'Ancien la décrivait déjà dans sa *Naturalis Historia*. Vers la fin du XVIIIe siècle, Antonio Palau Verdera, célèbre botaniste catalan traducteur de Linné, y avait planté un premier jardin botanique. Ce n'est cependant qu'en 1920 qu'a été créé le jardin actuel par un riche Allemand, Karl Faust, passionné de plantes et amoureux de ce qui n'était alors qu'un petit village de pêcheurs. Il choisit un site en terrasses entre deux baies et commença à rassembler des plantes sur les conseils des grands spécialistes de l'époque. Un peu plus tard, il fonda une Station internationale de biologie méditerranéenne (EIBM) qui survécut à la guerre d'Espagne et à la Seconde Guerre mondiale. Depuis son décès en 1952, l'ensemble est devenu l'un des plus importants jardins botaniques d'Europe avec 4 000 espèces. Merveilleusement situé en balcon au-dessus de la mer, il parvient à remplir ses missions scientifiques de connaissance et de préservation des espèces méditerranéennes tout en accueillant plus de 500 000 visiteurs par an. Les plantations sont regroupées en « phytoépisodes », reconstitutions de paysages végétaux spécifiques (maquis catalan, sud-africain, etc.), qui permettent d'étudier et d'agir en faveur de la préservation des plantes aussi bien à Blanes que sur leur territoire d'origine. Cette dimension scientifique et écologique n'empêche pas Marimurtra d'être un agréable jardin parsemé de fontaines et multipliant les points de vue sur la mer et la côte. Les amoureux des plantes et ceux des jardins – ce ne sont pas toujours les mêmes – s'y trouvent pour une fois réunis.

Le jardin Marimurtra est implanté entre deux baies, sur des terrasses qui dominent la mer.

Guatiza

Jardin de cactus

LANZAROTE, ESPAGNE

Date de création : 1987-1992
Créateur : César Manrique

Plus de 10 000 plantes de 1 400 espèces ont été réunies par César Manrique sur 5 000 mètres carrés de terrain en amphithéâtre.

Le créateur de cet étonnant jardin, Cesar Manrique, était un de ces personnages hauts en couleur que l'on compare souvent à des forces de la nature. Il fallait d'ailleurs beaucoup de courage et d'énergie pour vivre à Lanzarote, d'où il était originaire. Cette petite île perdue à 150 kilomètres des côtes d'Afrique fut ravagée par une éruption volcanique qui dura six ans à partir de 1730, et ne survécut longtemps que grâce à l'élevage de la cochenille d'où l'on tirait une teinture. Manrique y était né en 1919. Peintre, sculpteur, styliste, architecte, il mena longtemps une vie assez mondaine en Europe et aux États-Unis avant de revenir s'installer sur son île dans laquelle il voyait « une œuvre d'art non montée, non encadrée… ». À la fin des années 1960, il résolut de s'opposer aux promoteurs immobiliers qui projetaient de poursuivre à Lanzarote les ravages

opérés sur les côtes d'Espagne, des Baléares et des autres îles des Canaries. Disposant de soutiens locaux et madrilènes, il réussit à les contenir, créa des routes, des points de vue, des restaurants intégrés dans la nature, une fondation et sa villa insérée dans des grottes naturelles. Une de ses dernières réalisations est le jardin de cactus, devenu un des lieux symboliques de cette petite île déclarée réserve mondiale de la biosphère par l'Unesco en 1993. Le jardin a été aménagé dans une ancienne carrière d'où était extraite une lave servant à protéger les cultures contre le vent et l'évaporation. En forme d'amphithéâtre, il se détache sur le fond spectaculaire de montagnes rouges – les « montagnes de sang » – qui s'élèvent dans le lointain. En quelques années, avec l'aide et les conseils du botaniste Estanislao Gonzàlez

Des cactus d'Amérique – du Canada à la Patagonie – ont trouvé un sol qui leur convenait. Il est recouvert de granulat de lave pour limiter l'évaporation provoquée par la chaleur et les vents.

Ferrer, le jardin a réuni plus de 14 000 cactus de 1 400 espèces différentes en provenance de Madagascar, d'Amérique du Sud et des îles Canaries. Leurs formes sensuelles, serpentines, découpées ou dressées se mélangent à celles des blocs de lave érodés par les vents dans une mise en scène surréaliste, presque théâtrale. Le choix du thème du cactus ne doit rien au hasard. La fameuse cochenille de Lanzarote se nourrit de cactées, et l'intérieur de l'île possède encore de nombreuses plantations de figuiers de barbarie *Tunera* que ces larves apprécient. Par son étrangeté, ce jardin botanique ne se rattache à aucune catégorie précise, mais César Manrique se plaisait à dire que « toute classification est négative car elle affaiblit l'art ».

Jardin botanique de Barcelone

La botanique contemporaine

BARCELONE, ESPAGNE
Date de création : 1997
Créateur : Bet Figueras

Heureuse colline de Montjuich ! Cette modeste éminence qui barre l'expansion de Barcelone vers le sud contient l'icône absolue du modernisme, le pavillon de Mies van der Rohe, la Fondation Miró de José Luis Sert, un stade par Arata Isozaki, une tour de télévision par Santiago Calatrava et maintenant le jardin botanique de Bet Figueras. Bet Figueras est une paysagiste-botaniste catalane. Son projet est à la fois une architecture de la nature et un discours sur l'évolution du paysage et de la végétation méditerranéens. Plus qu'un conservatoire, il propose un parcours public à travers une séquence chronologique des espèces végétales, des buissons aux arbres en passant par les graminées, les plantes aquatiques et les fleurs. L'ensemble se développe du sud au nord, pour épargner aux visiteurs les grandes chaleurs estivales, selon les méandres d'un paysage redistribué à propos duquel on a parlé de « paysage fractal ». Plus simplement, il s'agit peut-être surtout d'une version contemporaine de la culture en terrasses pratiquée depuis toujours sur le pourtour de la Méditerranée. La terre est retenue par des murets en béton ou en acier Corten, matériau qui se patine superbement et qui est très apprécié des paysagistes espagnols. Les allées sont recouvertes d'acier, de plaques de ciment, de lattes de bois ; les bâtiments d'accueil et d'entretien, bas et discrets, font appel à une esthétique de l'angle aigu et de l'étirement des volumes. Ce jardin botanique, le plus moderne d'Europe, a su ajouter à la didactique l'émotion de la découverte d'un paysage minéral et végétal contemporain, pour le plus grand agrément de son public.

De multiples terrasses, certaines retenues par des murs sculpturaux en acier Corten, ont été aménagées pour constituer un itinéraire de découverte de la végétation méditerranéenne.

Jardins de passionnés

La fin du XIXe siècle et le XXe siècle représentent une période nouvelle et féconde pour les jardins et le paysage. On assiste à une privatisation de cet art qui ne concerne plus seulement les grandes demeures princières ou aristocratiques, mais qui s'intéresse au jardin de chacun – ou presque. Le style Arts and Crafts en Angleterre, dont l'influence fut immense, illustre particulièrement bien cette évolution. Dans sa célébration du faire, de l'acte, du rôle de la main, et dans son esthétisation de la vie quotidienne, ce style ne pouvait que s'intéresser aux alentours de la maison. On lui doit des créations sensibles, plus ouvertes aux richesses de la botanique, inspirées d'une littérature qui entreprend l'exploration de soi et d'une peinture qui découvre les sensations physiques de la lumière et de la couleur. Ce rétrécissement de l'espace du jardin éloigne des perspectives baroques et des parcs anglais, de Caserta et de Stowe, mais constitue un enrichissement de l'expérience individuelle. Le jardin n'est plus médiatisé par de grands gestes, par une symbolique archaïsante ou un pittoresque qui avaient montré leurs limites. Le propriétaire devient lui-même jardinier, intervient ou se fait conseiller par un homme (ou une femme) de l'art. Apparaît une nouvelle génération de jardiniers qui possèdent des connaissances botaniques approfondies, partagent leur savoir et multiplient les interventions en Europe et aux États-Unis, perpétuant une nouvelle tradition instaurée par Gertrude Jekyll. Ce sera le cas, par exemple, des Lloyd, d'Alan Jellicoe et de Russell Page. Les règles existent toujours, mais elles ne sont plus des carcans, elles deviennent les éléments du jeu plus intériorisé de la création artistique.

À gauche : le jardin entoure le manoir du XVe siècle, restauré par Lutyens. Ci-contre : Great Dixter a été le laboratoire de recherche et d'acclimatation du botaniste Christopher Lloyd.

Great Dixter

Le jardin de Christopher Lloyd

NORTHIAM, GRANDE-BRETAGNE

Date de création : commencé en 1910
Créateurs : Edwin Lutyens, Nathaniel et Christopher Lloyd

« C'est sur la relation juste entre le jardin et la maison que sa valeur et le plaisir que l'on en tirera dépendront largement. La connexion doit être intime et l'accès non seulement facile mais une invite à y pénétrer. » Telle est la première phrase du célèbre livre de Gertrude Jekyll, *Arts and Crafts Garden*. La grande jardinière de l'époque édouardienne n'est pas intervenue à Great Dixter, mais elle appréciait les ouvrages sur les plantes de son propriétaire Nathaniel Lloyd, et reçut même un jour chez elle Christopher Lloyd enfant, qui allait devenir un des grands jardiniers du XXe siècle.
Great Dixter est un charmant manoir du XVe siècle, entièrement restauré en 1911 par l'architecte Edwin Lutyens, ami de Gertrude et lui-même dessinateur de jardins. Il intervint avec sa discrétion et son intelligence habituelles

et créa les jardins qui ont conservé la forme qu'il leur avait donnée.
Ils entourent confortablement la maison sous diverses formes (jardin creux, jardin de topiaires, prairie fleurie, roseraie, jardin en terrasses, immense *long Border*…) et multiplient les points de vue, les espaces intimes, les détails architecturaux (appareillage des murs de pierre, escaliers en rond…). L'ensemble est un chef-d'œuvre d'une époque qui voit l'Angleterre et la bonne société se prendre d'une passion durable pour l'art du jardin et surtout le pratiquer.
Christopher Lloyd, décédé en janvier 2006, a toujours habité à Great Dixter, et son apport d'artiste-botaniste dans les plantations que l'on admire aujourd'hui a été essentiel. Par ses livres, ses rubriques dans la presse et surtout ses audaces dans l'utilisation des graminées en prairies fleuries, il fait le lien entre le style Arts and Crafts et un paysagisme moderne proche du « naturel »… de la nature.

Une grande liberté était laissée aux plantes par Christopher Lloyd, qui a ainsi ouvert en grande partie la voie à une vision environnementaliste de l'art des jardins.

Jardin circulaire du Mughal Garden

Un jardin pour les papillons

DELHI, INDE

Date de création : 1912-1936
Créateur : Edwin Lutyens

Dans le prolongement du *Viceregal Garden* de New Delhi, après avoir cheminé à l'ombre d'une étrange pergola de granit à pendentifs en trompe d'éléphant, le visiteur muni des autorisations nécessaires découvre un jardin plus intime que le splendide tapis persan posé par Lutyens sous les fenêtres des appartements d'État. Il est organisé autour d'un très vaste bassin circulaire en creux entouré de parterres de roses mignonnettes, de grands dahlias et de

rosiers grimpant le long des murs qui ferment le domaine. Ici l'atmosphère est résolument Arts and Crafts et non plus indienne. Elle rappelle d'ailleurs Heywood, un jardin dessiné par Lutyens quelques années auparavant pour une résidence irlandaise. Mais l'idée la plus charmante de ce petit coin d'Angleterre est que Lutyens en avait choisi les plantations avec W.R. Mustoe, le directeur de l'horticulture, de façon qu'à une certaine période elles attirent les papillons et que la couleur du jardin devienne celle de milliers de papillons et non plus celle des fleurs. Dans un petit bâtiment jouxtant le bureau de l'horticulteur responsable du jardin, a été installée une remarquable collection de bonsaïs. Plusieurs civilisations d'amateurs de jardins – les Moghols, les Britanniques et les Japonais – semblent s'être donné rendez-vous dans ce « jardin des papillons ».

Le bassin est entouré de fleurs spécialement sélectionnées pour attirer les papillons à une période de l'année.

Sissinghurst

Une création littéraire

CRANBROOK, GRANDE-BRETAGNE
Date de création : 1930
Créateurs : Vita Sackville-West et Harold Nicolson

L'Angleterre est un pays de jardiniers. L'explication en est multiple mais tient beaucoup au climat doux et humide et à l'amour des Britanniques pour leur maison et le jardin qui l'accompagne. Était-ce aussi, à une certaine période, une façon d'oublier l'industrialisation accélérée, de manifester un attachement à la campagne traditionnelle, d'imiter et de perpétuer le modèle aristocratique des *country houses* et de leurs parcs ? Toujours est-il que nulle part ailleurs on ne trouve autant de journaux, d'émissions de radio et de télévision, de sites Internet, de marchés, de foires, d'expositions sur la création et l'entretien des jardins.
Vita Sackville-West, créatrice de Sissinghurst avec son époux Harold Nicolson, est l'image même de l'aristocrate amoureuse de son jardin. Elle consacra une grande partie de son immense énergie à donner des conférences, à tenir une rubrique radiophonique, à écrire des livres et des brochures sur les plantes parallèlement à son œuvre prolifique d'écrivain et à sa vie active de femme du monde.
C'est en 1930 que les Nicolson achetèrent ce domaine en ruine dans le Kent parce qu'il leur donnait la possibilité de créer un jardin à leur goût. Il ne restait pas grand-chose du vieux château élisabéthain en dehors d'une étrange tour, de communs délabrés et de quelques vieux murs. Mais de ce site en position dominante, bénéficiant de vues immenses sur la campagne, émanait un puissant sentiment romanesque.
En dix ans, le jardin trouva son équilibre. Harold Nicolson l'avait dessiné du haut de la tour en

De style édouardien ou Arts and Crafts tardif, Sissinghurst est un jardin divisé en « pièces ». Ici, une porte de la cour haute.

lançant ses ordres à ses deux fils qui couraient planter des repères dans l'herbe afin de marquer les allées ou de délimiter les volumes. Les Nicolson connaissaient Lutyens, qui les avait aidés dans leur précédente maison, et Gertrude Jekyll, qu'ils admiraient. Leur goût les portait vers un cloisonnement de l'espace en pièces de verdure, mais animé par de longs axes orientés vers les quatre points cardinaux. Le projet était donc toujours d'esprit Arts and Crafts, et le célèbre principe de William Morris, le théoricien du mouvement, leur convenait parfaitement : « Un jardin doit être protégé du monde extérieur. » Ils mirent en œuvre la modernité de leur jeunesse, mais Sissinghurst n'en resta pas moins pendant plusieurs décennies un lieu emblématique qui lança même des modes comme celle des jardins blancs ou celle des plantes fleuries grimpant aux arbres. Encore aujourd'hui, il possède une dimension particulière, à la fois intellectuelle et nostalgique, tenant à la personnalité du couple excentrique qui lui consacra tant d'années.

Le charme des mixed borders, arlequins artistement composés, du jardin de cottage est inspiré de l'art de Gertrude Jekyll. Double page suivante : la poésie de Sissinghurst doit beaucoup aux vestiges du château – vieux murs moussus, douves transformées en plan d'eau, bâtiments croulant sous les rosiers grimpants…

La Mortella

Le jardin de musique

FORIO, ÎLE D'ISCHIA, ITALIE

Date de création : 1956

Créateurs : Russell Page et Susana Walton

Créer un jardin de nos jours peut se révéler une aventure. « Je devais être totalement, totalement folle », confie lady Walton lorsqu'elle explique la naissance des jardins tropicaux que son mari et elle ont créés en pleine baie de Naples, sur l'île d'Ischia, à partir de 1949.
William Walton, l'un des plus grands compositeurs britanniques du XXᵉ siècle, et sa jeune épouse argentine Susanna arrivèrent à Ischia peu après leur mariage et décidèrent de s'y installer pour toujours. Ils voulaient une maison, mais, en attendant de la construire, ils acquirent une carrière de pierre volcanique désaffectée qui leur sembla idéale pour leurs ambitions jardinières. Ils souhaitaient un jardin tropical, dans une île sans la moindre source et alimentée en eau par camions arrivant chaque jour par bateau ! Leur ami Russell Page (1906-1985), l'immense paysagiste et botaniste anglais, un des esthètes de jardins les plus raffinés de l'époque, leur dessina néanmoins un plan en L parfaitement adapté à ce site resserré parsemé de rochers de lave noire. Il imagina un torrent, des cascades, des bassins, puis il fallut attendre la fin des années 1950 pour que l'arrivée de l'eau du continent permît de donner toute son ampleur à ce projet fulgurant.

La Méditerranée n'est en rien une zone tropicale, mais à Ischia ce jardin de vallon a su se créer un microclimat favorable, et l'on ne s'étonne pas d'y rencontrer des fougères arborescentes, des cycades du Chili ou des fleurs africaines parfaitement à l'aise.

La Mortella (qui signifie « myrte » en dialecte local) est placée sous le signe de la musique. William Walton est mort en 1983, mais la Fondation Walton invite toujours chaque été de jeunes compositeurs et interprètes pour des *master classes* et des concerts. Le jardin est généreusement ouvert au public, ce qui est

Dans une île pratiquement sans eau, les Walton ont réussi à créer un jardin quasi tropical en mettant à profit la topographie.

rarement le cas en Italie où les jardins privés préfèrent la discrétion. Avec des moyens assez réduits au départ et des contraintes qui en auraient découragé plus d'un, la Mortella a su patiemment composer sa partition étonnamment originale et poétique. Mais depuis les origines, la musique et les jardins ont toujours entretenu des liens particuliers...

Dans ce jardin en creux, à l'ombre des ardeurs du soleil, quelques fougères et plantes aquatiques ont réussi à s'acclimater.

Ayrlies

Le style des antipodes

AUCKLAND, NOUVELLE-ZÉLANDE

Date de création : commencé en 1967
Créateurs : Beverley et Malcolm McConnell

En 1967, il n'y avait ici qu'une ferme, des champs cultivés et des prairies. En quarante ans, Beverley et Malcolm McConnell ont réussi à en faire l'un des plus exubérants jardins de l'hémisphère Sud. Comme pour beaucoup de créations privées contemporaines devenues célèbres, leur ambition de départ était assez modeste mais peu à peu ce couple aisé d'Auckland se prit au jeu et le petit jardin prévu autour de la maison « pour occuper Beverley » se transforma en parc paysager qui dépassera 30 hectares lors de son extension vers les marais voisins.
Le site naturel était somptueux, comme souvent en Nouvelle-Zélande, mais le plan ne trouva son ampleur que lorsque les McConnell découvrirent en Angleterre tout ce que l'eau pouvait apporter. À peine de retour, ils creusèrent trois étangs à des niveaux différents autour desquels allait s'assembler une composition informelle et touffue, incroyablement vivace. La liberté est sans doute ce qui frappe le plus à Ayrlies. Les plantes semblent s'être rencontrées là par plaisir, alors qu'elles sont l'aboutissement de longs essais d'acclimatation – beaucoup des variétés importées ne supportaient ni le sol argileux, ni les fréquentes sécheresses, ni les tempêtes de vent ou de pluie fréquentes dans

Le promeneur parcourt librement le foisonnement végétal d'Ayrlies en empruntant les allées ou les pelouses. À gauche : un des bancs réalisés par Oliver Briers, l'un des jardiniers d'Ayrlies. Ci-contre : l'un des trois étangs creusés par les McConnell lorsqu'ils décidèrent de se consacrer à leur jardin d'agrément, qui allait devenir l'un des plus visités de Nouvelle-Zélande.

la région. Avec le temps, les espèces locales, dont d'immenses fougères, se sont imposées, comme toujours, mais avec quelques heureuses surprises venues du Japon ou d'Amérique du Nord comme des bougainvilliers, des rhododendrons, des magnolias, des érables américains. Depuis quelques années, un jardin d'agaves et d'aloès, inspiré de celui des Huntington Botanical Gardens de San Marino en Californie, a trouvé sa place dans un coin protégé. Une liberté d'un autre genre est accordée aux visiteurs. Pas d'allée majestueuse, pas de circulations obligatoires, pas d'effets calculés et prévisibles. Chacun se promène sur les rares allées ou tout simplement dans l'herbe ou les sous-bois pour découvrir le jardin à sa façon, parcourir brusquement l'éblouissement écarlate d'un *Aloe ferox* ou une percée jusqu'à l'océan. Ayrlies est la synthèse d'un authentique talent d'horticulture et d'une vision décontractée de la création d'un paysage presque naturel.

Jardins urbains

Au début du XXIe siècle, on assiste à un retour de l'art du jardin. Le grand public et les amateurs ne l'avaient jamais rejeté, mais le modernisme et les lendemains architecturaux de la Seconde Guerre mondiale s'étaient en général désintéressés de cet art millénaire.
Le manque total d'attention portée au traitement de l'environnement naturel des logements sociaux de l'après-guerre explique en partie la crise qu'ils connaissent encore. Trop souvent les parkings ont pris la place des pelouses, des bassins et des bosquets, et ont renforcé les effets du fonctionnalisme répétitif et implacable des grands ensembles anxiogènes.
La tendance commence à changer. Avec force, des urbanistes, des architectes, des paysagistes et des artistes se battent pour réintégrer le jardin et le parc dans la cité sous une forme adaptée à nos nouveaux styles de vie. Le parc de la Villette à Paris par Bernard Tschumi est un bon exemple de réalisation majeure qui démontre sa réussite par sa fréquentation. Partout, la nature regagne un peu du terrain urbain, comme le long de la Tamise à Londres, du Rhône à Lyon, de la Spree à Berlin, mais aussi dans des endroits plus inattendus comme la gare d'Atocha à Madrid ou les ruines d'une aciérie de la Ruhr. Le jardin s'insinue dans les espaces privés, sur les toits, sur les terrasses, et il grimpe même aux murs grâce à Patrick Blanc.
Il conquiert de nouveaux territoires, utilise de nouveaux matériaux, adopte de nouvelles plantes, explore de nouvelles approches artistiques et conceptuelles, découvre la démocratie.

Parc André-Citroën

Le premier parc parisien contemporain

PARIS, FRANCE

Date de création : 1985-1992
Créateurs : Patrick Berger, Gilles Clément, Allain Provost, Jean-Paul Viguier

Aménagé sur les terrains libérés par la destruction d'anciennes usines d'automobiles en bordure de Seine, le parc André-Citroën est la plus importante création d'espace vert à Paris depuis celle des Buttes-Chaumont en 1867. Il constitue surtout l'une des plus brillantes créations de jardin urbain en Europe de la fin du xxe siècle par son intelligence, son esthétique actuelle mais non provocante et son souci des promeneurs. Il faut s'y rendre un dimanche de printemps pour voir combien les citadins apprécient cet espace ouvert et à quel point ce parc, dans sa complexité masquée par l'ampleur de ses perspectives, répond à leur goût pour

Ci-dessus : dans la partie haute du jardin, l'une des deux serres de Patrick Berger.
À droite : une partie du jardin de cascades d'Allain Provost et Jean-Paul Viguier, parterre de buis avec un effet de velours rasé.

la découverte de jardins de notre temps. Le plan raffiné, dû à une équipe de quatre brillants paysagistes et architectes, associe une immense pelouse partant de deux serres hautaines, dues à Patrick Berger, pour descendre jusqu'à la Seine, et une succession de jardins dotés chacun d'une personnalité propre : jardins sériels, jardin noir, jardin blanc, jardin en mouvement, jardin des métamorphoses, jardin de cascades… De couleurs et de plantations contrastées, certains sont structurés par des partitions de pierre, de bois ou de métal tandis qu'une terrasse permet de les admirer du haut d'une promenade ombragée, sans qu'on ait pour autant l'impression de passer en revue une collection botanique.

La réussite est également d'avoir totalement ouvert ce vaste espace vers le ciel changeant de l'Île-de-France. À aucun instant ne s'installe l'impression de confinement que l'on peut éprouver dans certains parcs urbains du XIXe siècle. Ici, la ville se retire pour laisser se dilater un paysage contemporain.

L'autre extrémité du jardin de cascades en limite du parc.

Gare d'Atocha

Une gare jardin

MADRID, ESPAGNE
Date de création : 1992
Créateurs : Arturo Fernández, Ernesto Fernández, Joaquin Fernández, Alfonso Ramirez et Mariano Sánchez en collaboration avec Rafael Moneo

La restructuration d'une gare ancienne peut réserver d'agréables surprises. Paris a transformé la gare d'Orsay en musée, Madrid a créé un jardin botanique au milieu de la gare d'Atocha.
Il fallait une gare moderne pour recevoir le TGV Madrid-Séville, l'un des grands projets liés à l'Exposition universelle de 1992. En plein centre de la capitale se dressait une immense gare édifiée en 1892 par Alberto de Palacio avec l'assistance de Gustave Eiffel, mais elle était délabrée et inadaptée. Rafael Moneo, l'un des plus brillants architectes espagnols actuels, praticien cultivé et inspiré, et libéré de tout a priori rationaliste, fut choisi pour la restructurer. Il dessina une nouvelle place au profil animé, une gare pour le TGV, une autre pour les trains de banlieue, une autre encore pour les autobus… et transforma l'ancienne structure en centre de service et d'accueil pour les voyageurs. Mais, surtout, il aménagea l'immense hall sous verrière en serre sous laquelle fut aménagé un jardin tropical : 7 000 plantes représentant plus de 400 espèces y ont été acclimatées ; mais il semble qu'aujourd'hui l'on réoriente les plantations vers un palmarium tant les palmiers se plaisent sous le soleil castillan quand ils sont protégés des rigueurs de l'hiver.
La gare d'Atocha rappelle désormais les gigantesques serres du XIXe siècle, dont celles du Retiro près du Prado. Elle illustre une tendance architecturale en plein développement : aménager des jardins dans des centres commerciaux, créer des espaces couverts entre les immeubles, concevoir des cours et des atriums, à une échelle majestueuse. Ce jardin d'hiver tropical, à la fois nostalgique et moderne offert aux Madrilènes s'est très vite intégré dans les réseaux de circulation des promeneurs de la capitale.

Les quais de la gare d'Atocha ont laissé place à un jardin tropical. La grande verrière fait désormais office de serre.

Le jardin de Camille Muller

Sur les toits de Paris

PARIS, FRANCE
Date de création : 1980
Créateur : Camille Muller

Paris dissimule dans ses hauteurs des coins de verdure enchanteurs. On a parlé en leur temps de quelques créations célèbres comme le jardin de la comtesse de Pange, au septième étage d'un immeuble moderne de la rue de Grenelle, celui de Charles de Besteigui, aménagé par Le Corbusier sur une terrasse des Champs-Élysées, ou celui du jardin-salon d'Helena Rubinstein dans l'île Saint-Louis, mais depuis se sont multipliés sur les immeubles modernes ou anciens de petits havres de verdure qui n'ont plus rien à voir avec les géraniums de Mimi Pinson. Camille Muller, paysagiste reconnu, qui a travaillé avec Gilles Clément et au bois des Moutiers à Varengeville-sur-Mer, s'est fait une spécialité de ces jardins urbains cachés. Le sien, dans le XIe arrondissement, imbriqué entre quelques parois aveugles et des pans de zinc, est un fouillis végétal et poétique tellement à l'aise qu'il a envahi l'appartement et les murs des voisins. « Je crée des jardins sentis, pas des jardins-concept », se plaît à dire le paysagiste, et ses créations sont en effet des lieux pour l'imaginaire et la rêverie. Néanmoins, un jardin suspendu est toujours une prouesse technique, parfois délicate. Le poids de la terre, les arbustes qui se transforment allégrement en arbres, l'eau toujours à l'affût d'un écoulement sont autant de problèmes qu'il faut résoudre avant les premières plantations. Mais la poésie d'une alcôve de verdure en plein ciel est une récompense, et aussi un juste retour des choses : la nature reconquiert à sa façon le sol qui lui a été subtilisé.

Un jardin suspendu secret et poétique dans l'un des quartiers les plus peuplés de Paris.

Balcons à Barcelone

Le jardin-rideau

BARCELONE, ESPAGNE
Date de création : début des années 1970
Créateurs : Enric Tous, Josep Maria Fargas
et Jordi Aguila

À l'un des angles coupés si typiques de l'Avenida Diagonal à Barcelone s'élève l'ancien siège de la Banca Catalana qui abrite aujourd'hui celui du grand éditeur Planeta. Dans ce quartier terriblement minéral de l'Eixample, construit à partir de 1869, la nature n'était jusqu'alors représentée que par des alignements d'arbres qui, s'ils luttaient vaillamment contre la pollution, ne faisaient pas oublier la rareté des espaces verts. Les architectes Josep Maria Fargas et Enric Tous, en concevant les plans de ce volumineux immeuble de bureaux, eurent l'idée de végétaliser sa façade. Sans disposer des techniques que Patrick Blanc allait mettre au point vingt-cinq ans plus tard, ils imaginèrent un système de balcons-jardinières pour lesquels le paysagiste Jordi Aguilá sélectionna les plantes retombantes et résistantes nécessaires. Cette façade à facettes, bien dessinée mais un peu sèche, en a acquis une présence extraordinaire et généreuse qui semble l'avoir empêchée de vieillir. Son style légèrement daté se fait oublier sous les rideaux verts des lierres et des glycines qui retombent en cascade tout en leur offrant une élégante structure de soutien. Cette remarquable idée assez difficile à mettre en œuvre (problèmes structurels, orientation, climat, vieillissement des plantes, entretien) n'a malheureusement pas fait beaucoup d'émules.

Dans l'univers minéral de l'avenue Diagonal, l'une des premières façades végétalisées réalisées en Europe.

Jardins Renaudie

Les nouveaux jardins suspendus

IVRY-SUR-SEINE, FRANCE
Date de création : 1970-1983
Créateur : Jean Renaudie

À Ivry-sur-Seine, en banlieue parisienne, le centre Jeanne-Hachette est une réalisation emblématique et sans lendemain du logement social français. Les immeubles-étoiles de l'architecte Jean Renaudie (1925-1981) illustrent une vision urbanistique généreuse qui en son temps se heurta aux pesanteurs administratives et financières. Pour Renaudie, « l'urbanisme est architecture », et l'architecture doit favoriser la rencontre, la vie commune, le développement de chacun. C'est ainsi qu'il imagina ces étonnantes constructions dans lesquelles se mélangent habitat, bureaux, ateliers et commerces. La forme en étoile permet de faire se chevaucher les fonctions et les circulations, et surtout de créer des espaces inhabituels et stimulants au sein de chaque appartement. Entre les logements et les balcons se glissent de vrais jardins, qui dessinent un nouveau paysage urbain. Pour la première fois des immeubles économiques, en location, ont offert le luxe incroyable d'un petit jardin privatif en pleine ville…
L'expérience fut parfois critiquée, mais jamais par les générations de locataires qui se sont succédé à Ivry et pour lesquelles une salle de séjour prolongée par quelques mètres carrés de verdure valait bien des années de liste d'attente. Aujourd'hui, les jardins en terrasse ne font plus partie des appels d'offre pour les immeubles sociaux, mais une nouvelle génération d'architectes profite de toutes les occasions pour introduire des espaces verts dans les îlots urbains et les cours, ou pour végétaliser les façades, comme Pierre François à Montpellier. C'est là une nouvelle aventure de l'histoire des jardins qui commence.

Balcons et terrasses savamment imbriqués apportent les plaisirs du jardin en plein cœur de la ville.

Jardins familiaux

Un jardin pour tous

BAGNOLET, FRANCE
Date de création : 1988

« Enraciner les Français à la terre, si bienfaisante à la famille humaine, arracher les ouvriers au prolétariat qui les guette et les pourrit… », c'est ce que souhaitait l'abbé Lemire, député du Pas-de-Calais, en créant en 1894 la Ligue française du coin de terre et du foyer, qui lança ce que l'on appela bientôt les jardins ouvriers, et depuis 1952 les jardins familiaux.
Le jardin était ainsi considéré comme une panacée sociale qui permettait à la fois de fournir à la famille un complément alimentaire et d'éloigner le prolétaire des tentations de l'oisiveté. Ces jardins connurent un immense succès, déclinèrent dans les années 1960, et connaissent aujourd'hui une expansion nouvelle. Plus de 200 000 jardins familiaux sont actuellement répertoriés en France.
À Bagnolet – haut lieu de l'implantation de ce type de jardins au cours de l'entre-deux-guerres –, une association, la municipalité et Daniel Girard ont récemment profité du chantier de l'autoroute A3 et de la terre des déblais pour en créer de nouveaux, qui ont été pris d'assaut par les amateurs.
Ces lopins de terre remplissent à merveille leur fonction. Ce sont des potagers parfaitement entretenus et qui possèdent le plus souvent un petit coin réservé aux fleurs. On y vient après le travail, et en famille à la fin de la semaine pour retrouver ses amis et jardiner ou bavarder ensemble dans une atmosphère à la Doisneau.
Ces petits jardins ouvriers font penser à ceux du Moyen Âge, qui étaient productifs mais qui servaient aussi à échapper quelques instants aux difficultés du quotidien. Et leurs propriétaires sont de vrais amateurs de jardins.

À gauche : le samedi au jardin.
Ci-dessus : les jardins de Bagnolet ont profité des terrassements de la construction d'une nouvelle autoroute et de la terre dégagée à cette occasion.

Jardins de paysagistes

L'éclectisme est aujourd'hui de mise dans l'art des jardins. Il est aussi bien chronologique que stylistique, et l'on peut aussi bien reconstituer un jardin médiéval que restaurer un jardin à la française, s'offrir un jardin zen japonais, créer pour son ryad un jardin andalou, faire appel à un sculpteur, à un peintre, à un architecte, à un ingénieur, à un botaniste ou, pourquoi pas, à un jardinier. Mais au-delà de ce foisonnement qui ne touche à ce point aucun autre domaine de l'art, quelques grands noms de créateurs s'imposent, qui dessinent le style du XXe-XXIe siècle.
Le jardin contemporain authentique – si l'on excepte Gilles Clément et son « jardin en mouvement », et quelques paysagistes environnementalistes – est généralement acte de volonté.
Il ne reconstitue pas une nature arcadienne, il ne dessine pas davantage tapis et broderies ni ne s'appuie sur des symboliques littéraires et pittoresques.
Il est et s'affirme dans un traitement abstrait de la nature. Les efforts qu'il lui impose par des terrassements savants, des plantations sophistiquées, des accumulations de motifs, des recherches de textures, l'accent mis sur les effets monochromes et la rareté des espèces végétales relèvent du concept, mais en même temps le choix des plantes, le souci de leur évolution dans le temps et de leur entretien sont sans doute plus présent que jamais, conditions économiques obligent.
Le jardin des grands paysagistes et jardiniers contemporains est un regard nouveau porté sur un paysage devenu matière à création architecturale et artistique. La nature qu'il met en scène atteint à une beauté pleine d'énergie qui touche ceux qui aiment la peinture de Mark Rothko, la sculpture d'Eduardo Chillida ou la musique de John Adams.
Cette nature nouvelle, redessinée par l'homme, est le triomphe de la culture.

Fazenda Marambaia

L'icône du modernisme brésilien

PETRÓPOLIS, BRÉSIL
Date de création : 1948 et 1988
Créateur : Roberto Burle Marx

Roberto Burle Marx (1909-1994), l'un des plus brillants paysagistes du XXe siècle, a renouvelé le regard sur le jardin. La clé de son œuvre est au Brésil, son pays, et non en Europe comme veulent trop souvent le faire croire les défenseurs du mouvement moderne. Certes, Roberto était parti prendre un « bain de culture » d'un an en Allemagne en 1928, où curieusement il découvrit la botanique sud-américaine dans les serres de Dahlem, mais ce n'est qu'à son retour qu'il commença à étudier à l'École des beaux-arts de Rio de Janeiro. Par relations, amitiés et curiosités, il fit rapidement connaissance de jeunes architectes comme Lucio Costa et Oscar Niemeyer et, en 1932, il reçut sa première commande de jardin avant d'être nommé directeur des parcs de Recife en 1934. Parallèlement il s'adonnait à la peinture, se passionnait pour la flore de son pays et partait en expédition dans les montagnes rechercher des spécimens rares. En 1936, il fit partie de l'équipe du fameux projet pour le ministère de l'Éducation et de la Santé de Rio auquel contribua Le Corbusier, et fut chargé d'en dessiner les jardins, sur le toit et au sol. Définitivement lancé, il se consacra au paysagisme, à la peinture – surtout des fresques murales –, à la céramique, à la musique et à sa chère botanique.
En 1948, il dessina le jardin de la Fazenda Marambaia pour sa grande amie Odette Monteiro. Comme pour toutes ses réalisations, il faut en regarder le plan tel qu'il a été conçu : un tableau abstrait qui pourrait être accroché à une cimaise. La composition indique la maison, les circulations, le lac à créer, mais aussi les

Ci-contre : le jardin s'est inséré dans le spectaculaire cadre de montagnes des environs de Petrópolis, la ville créée par le dernier empereur du Brésil.
Ci-dessus : vue de l'étang.

rapports de couleur entre les pelouses, l'eau, les bosquets plantés ou préservés, les parterres de fleurs. Le plus étonnant est que la réalisation reproduit fidèlement l'atmosphère de ce plan-tableau. La spécificité de l'art de Burle Marx tient au mouvement organique et lyrique des formes et à une gamme chromatique en résonance avec le paysage brésilien. Ici la nature quasi sauvage n'est qu'à quelques pas, non loin se dressent des montagnes découpées qui multiplient les plans à l'infini, et le jardin non entretenu serait vite reconquis par la forêt tropicale. L'idée principale fut de creuser un lac de forme libre, centre d'une clairière-jardin noyée dans la forêt. Ce plan d'eau miroitant concentre la lumière, focalise les points de vue à partir de l'allée qui en fait le tour et sert d'appui à la plantation de bouquets d'arbres et de plantes locales, souvent monochromes, choisis pour leur harmonie avec la nature voisine ou les façades ocre rose de la maison. Malgré sa sophistication, ce jardin n'est en rien un objet géométrique imposé ; il est en communion avec le cadre dans lequel il s'insère. C'est cette sensibilité authentique et profonde à l'environnement qui fonde l'art du jardin moderne de Roberto Burle Marx.

La végétation est ici composée pour devenir une texture : couleurs, hauteurs, aspects brillants et mats, effets de rasage. Les parterres de forme libre sont totalement intégrés aux pelouses.

Tacaruna

Le chef-d'œuvre sauvé

PETRÓPOLIS, BRÉSIL
Date de création : 1954 et 1994
Créateur : Roberto Burle Marx

Si Burle Marx est surtout célèbre pour ses aménagements paysagers et urbains à Brasília ou sur le front de mer de Copacabana – le célèbre dallage en vagues –, il a également réalisé un grand nombre de jardins privés. C'est le cas de ceux de Tacaruna, qui entourent une discrète et emblématique villa à couverture en voile de béton construite par Oscar Niemeyer en 1954 pour Edmundo Cavanelas. L'ensemble a été acquis il y a

une douzaine d'années par un designer de Rio, Gilberto Strunck, qui avoue aujourd'hui que ces jardins le possèdent plus qu'il ne les possède. Ils étaient en voie de disparition, et il lui a fallu rechercher les plans d'origine et retrouver les listes des plantes locales sélectionnées par Burle Marx afin de reconstituer fidèlement ce jardin exemplaire. Les modernistes n'ont pas excellé dans l'art des jardins, tombant dans le travers d'une géométrie sèche où le minéral l'emportait sur le végétal. Burle Marx partait d'autres principes. Pour lui, « un jardin est l'adéquation du milieu écologique aux exigences de la civilisation… ». En d'autres termes, créer un paysage est à chaque fois une aventure spécifique qui dépend de son environnement naturel et humain.

La maison est prise entre deux « ailes » du jardin, une aile « masculine » dans laquelle les plantations constituent de grands damiers de couleur – plantes et variétés d'herbes contrastées encadrant une piscine au bleu cristallin –, et une aile « féminine » aux broderies amples et sensuelles, qui descend vers un grand étang. Ce *yin* et ce *yang* n'ont rien

Devant la maison dessinée par Oscar Niemeyer, le jardin féminin, peut-être une réinterprétation organique des broderies de la tradition européenne.

d'artificiel car ils sont, chacun à sa manière, une réponse au paysage environnant. D'un côté, les « damiers » créent une plate-forme qui renvoie vers le ciel et les triangles sombres des spectaculaires montagnes au loin, de l'autre côté la « broderie » moderne se coule vers l'étang de forme organique et vers la forêt tropicale. Ce jardin forme une sorte d'enclave à la fois rationnelle et lyrique qui affirme un état de civilisation raffinée face à la nature sauvage, sans toutefois la nier. Les couleurs changent selon les saisons, mais Burle Marx choisissait ses plantes – toujours locales – en tenant compte de leur développement afin que sa composition conservât sa fraîcheur et ses contrastes même au cœur de l'hiver. En remontant le temps, le nouveau propriétaire a sauvé un chef-d'œuvre du XXe siècle, témoignage de la créativité d'un continent jusqu'alors absent de l'histoire des jardins.

Ci-dessus : derrière la maison, le jardin masculin damier de couleurs dans lequel vient s'insérer une piscine au ras de la pelouse.
Ci-contre, à gauche : la pelouse est composée de deux herbes différentes qui créent l'effet de damier.
Ci-contre, à droite : la villa de Niemeyer, l'une des retraites les plus secrètes des environs de Petrópolis.

Jardin de topiaires

Le classicisme contemporain

SCHOTEN, PRÈS D'ANVERS, BELGIQUE

Date de création : années 1970
Créateur : Jacques Wirtz

Il existe des jardins qui chantent, papillonnent, dansent, parlent et racontent. Ceux de Jacques Wirtz sont musicaux, mais à la manière d'une *partita* de Bach, compositeur qu'aime à citer le jardinier. Ils cultivent l'harmonie, le rythme, la progression, la composition, la répétition des motifs, les accords, mais aussi le silence. La nature y est contenue, dessinée, mise en forme, contrainte parfois, et exprime une

sensibilité moderne au végétal qui se rattache aux grandes créations des siècles passés. Ici, pas de petites fontaines contournées, pas d'effets compliqués ni de minéralisme sec, mais l'ampleur des allées taillées, les ouvertures de perspectives, les masses savantes de haies et de massifs qui renouvellent l'art topiaire. Jacques Wirtz et ses deux fils, Martin et Peter, sont des créateurs de jardins discrets, et même s'ils ont remporté des concours internationaux très disputés comme pour les jardins du Carrousel à Paris, ceux d'Alnwick Castle dans le Northumberland ou ceux de la banque du Luxembourg, leurs interventions concernent le plus souvent des résidences privées, tel ce jardin situé près d'Anvers, en Belgique, aménagé dans une forêt de pins et de hêtres. La composition enchaîne les enclos, chacun étant destiné à

La composition quasi musicale des topiaires se teinte d'or et de roux en hiver.

protéger un ensemble fonctionnel, par exemple une piscine, un jardin de fleurs, un potager, qui tous restent invisibles depuis la maison. Ici des haies en escalier entourent les douves d'un parterre d'herbe surélevé. Ailleurs, des bordures d'herbe roussissent en hiver, en même temps que les haies de hêtres. Jacques Wirtz a dessiné un jardin qui sait offrir une beauté renouvelée en chaque saison, du vert émeraude de l'été au gris-vert et aux ocres argentés de gel en hiver. Wirtz est un créateur de jardins et un pépiniériste. Contrairement à une tendance actuelle qui sépare la conception de la plantation, il sait exactement ce qu'il peut planter et son entreprise entretient elle-même ses jardins. Il ne prend donc que des risques calculés ou, en d'autres termes, s'appuie sur sa longue expérience des sols et des végétaux. En cela aussi, il est le maillon d'une longue tradition de l'art des jardins, mais qui aurait assimilé l'esthétique et les pratiques de notre temps.

Pour Wirtz, l'herbe est une plante à part entière qui peut jouer son rôle si on lui laisse sa liberté d'expression.

Getty Center

Une installation végétale

SANTA MONICA, CALIFORNIE

Date de création : 1992-1997
Créateurs : Robert Irwin et Laurie Olin, en collaboration avec Richard Meier

Au sommet d'une colline de Santa Monica, le Getty Center est à la fois musée, centre de recherches, bibliothèque et institution éducative. L'architecture moderniste de Richard Meier répartit ces multiples fonctions dans un ensemble de bâtiments parés de travertin qui évoquent presque une ville perchée d'Ombrie ou de Toscane. Mais ici, tout est au bénéfice de la culture, bénie par l'argent.
C'est à l'artiste d'installations Robert Irwin que fut confié en 1992 le soin de créer les jardins. Il s'ensuivit une longue controverse qui fit les délices de la presse américaine. Meier, dont on connaît la rigueur raffinée, ne fut pas vraiment enthousiasmé par les propositions de l'artiste californien et le fit savoir. Il ne contestait pas le travail d'Irwin, mais ne voyait pas l'intérêt de mener cette expérience au pied d'une composition presque parfaite. Ce type de conflit est rare dans l'histoire des jardins, l'architecte ayant généralement la prééminence, et participant au choix du jardinier, quand il ne

Ci-dessus : le jardin central par Robert Irwin, une installation végétale.
Ci-contre : le jardin de cactus par Laurie Olin, qui occupe un quasi-bastillon au-dessus de Santa Monica.

travaille pas directement avec lui. Ici, en cette fin de XXe siècle, on décida de faire intervenir en parallèle un architecte et un créateur de jardins, le jardin étant considéré comme une œuvre d'art au même titre que celles conservées dans les austères bâtiments de Meier.
Robert Irwin, qui n'avait jamais dessiné un espace vert de sa vie, prit sa tâche à cœur, et annonça qu'il voulait faire « une sculpture en forme d'un jardin aspirant à être de l'art ».
La démarche était originale. Le Nôtre, Duchêne, Caruncho, Wirtz n'ont pas prétendu, semble-t-il, faire des œuvres d'art, mais intervenir sur la nature et créer un paysage. La nuance est importante.
L'artiste investit un ravin qui séparait le musée et le centre de recherche et organisa sa composition autour d'un ruisseau chutant vers un vaste bassin circulaire. Cette installation, même si elle a parfois un caractère très formel

À gauche : le labyrinthe central et la cascade, qui occupent un ancien ravin entre le musée et le centre de recherches.
Ci-dessus : deux vues de l'installation de Robert Irwin, dans laquelle le choix des plantes, leur hauteur et leur texture jouent un rôle important ; le nombre de couleurs est très limité.

qui peut évoquer l'architecture voisine, est d'abord une promenade sensorielle à travers une nature instrumentalisée et thématisée. Ainsi la hauteur des plantes croît au fur et à mesure que l'on descend de terrasse en terrasse, le bruit de l'eau crée un effet stéréophonique, le changement des saisons a été pris en compte et les couleurs, en dehors d'un peu de vert, se réduisent au blanc, magenta, orange et rouge. La consommation d'eau est très élevée, ce que déplorent les écologistes locaux. L'effet d'une promenade dans ce jardin à facettes est légèrement dérangeant si on a l'habitude des compositions équilibrées et progressives, mais il est indéniable qu'Irwin a atteint son objectif : donner une perception artistique de ce que peut être un jardin contemporain rapproché d'une œuvre architecturale majeure qui ne semblait pas d'abord avoir besoin d'un tel complément. Néanmoins, le musée a fait également appel à la paysagiste Laurie Olin qui, en collaboration cette fois avec l'architecte, a réalisé plusieurs jardins sensibles dont un jardin de cactus sur un bastillon, qui évoquerait presque le jardin de Le Nôtre pour le château de Gourdon en Provence…

À gauche : amphithéâtre de marbre à composition de jardinières de fleurs blanches par Laurie Olin. Ci-dessus : jardinières en « arbres », dessinées par Robert Irwin.

Mas de les Voltes

Le sublime contemporain

PRÈS DE GÉRONE, ESPAGNE
Date de création : 1995
Créateur : Fernando Caruncho

Perdu dans une campagne catalane écrasée de chaleur en été, le Mas de les Voltes est une enclave où la nature semble soudainement vouloir s'ordonner pour se présenter sous son meilleur jour. Dès le premier regard, on est fasciné par l'immense allée d'herbe bordée de cyprès et d'oliviers – la flamme sèche des premiers s'oppose aux contorsions centenaires des seconds –, par les larges bassins qui captent

le ciel et viennent, par leur couleur changeante, jouer en contrepoint du vert dru des arbres et de l'or des blés omniprésent. Dans cette composition virgilienne, le blé est partout traité en parterres gigantesques. Il est ici l'élément majeur qui marque et souligne le passage du temps : la terre nue de l'automne, le blé vert de printemps, le blé qui mûrit, dore et noircit, la moisson enfin… Les meules et les bottes sont alors disposées selon un plan précis qui bouleverse totalement la perception de ce paysage agreste. Cylindres et pyramides de paille participent à une composition géométrique en trois dimensions qui les transforme en sculptures conceptuelles. Le paysagiste a mis en scène une nature cultivée et productive, au lieu de redessiner la nature pour le pur plaisir du regard, même si cet objectif est atteint.

Fernando Caruncho est l'un des plus extraordinaires créateurs de paysage d'Espagne et d'Europe. Discrètement – il travaille surtout pour des clients privés qui ne font pas visiter leur propriété –, il a constitué un corpus unique

L'arrivée au mas par une allée de gazon bordée d'oliviers et de cyprès alternés.

avec plus de cent jardins. Après des études de philosophie il s'est tourné vers le paysage, et cette formation initiale marque toujours sa réflexion. La lecture des auteurs classiques comme Épicure et Virgile, mais aussi l'étude des jardins arabes d'Andalousie, des jardins zen japonais, de ceux de la Renaissance italienne et de Le Nôtre l'ont formé.
À sa façon, le jardin de Caruncho est régulier. La géométrie y joue un rôle important. Elle structure, découpe, sous-tend l'espace, comme au Mas de les Voltes, ou s'impose comme dans la composition des bassins de Camp Sarch aux Baléares, mais c'est une géométrie d'artiste et non de mathématicien. Ces axes appuyés sont un mode de penser la nature, et non une manière de la forcer, et ce mode est la projection de notre perception visuelle. Dans le même temps, cette rigueur s'associe à une conception texturée des plantations souvent utilisées en masses importantes et monochromes. Dans le jardin de sa maison de Madrid, par exemple, des buis massifs aux formes arrondies reproduisent une sorte de mouvement du sol sans aucune référence aux topiaires de la tradition.
Homme ordonné et élégant, Caruncho s'exprime avec clarté. Il ne cherche ni l'effet gratuit ni la provocation, même si son travail est un extraordinaire défi lancé aux paysagistes dont les jardins, trop souvent, perdent contact avec la nature. Il illustre aussi à sa façon la perpétuation d'une élégance ibérique, austère, déterminée, hautaine et sublime à la fois.

Double page précédente : le jardin est intégré à l'exploitation agricole. Ici, des bassins au milieu des vignes, qui servent aussi de réservoirs.
À gauche : ode à la terre, le Mas de les Voltes orchestre les grandes cultures vivrières méditerranéennes.
Ci-dessus : le bassin-miroir.

Casa del Laberinto

La vitalité catalane

PRÈS DE BARCELONE, ESPAGNE

Date de création : 1999
Créateurs : Bet Figueras en collaboration avec Oscar Tusquets Blanca

Architecte, designer, peintre figuratif, auteur d'ouvrages sur l'art, conférencier, agitateur culturel, enfant terrible, ami chaleureux, Oscar Tusquets Blanca a fait son apparition sur la scène européenne au début des années 1980 et a poursuivi depuis l'exploration d'une voie très personnelle et très catalane, sans céder aux modes et surtout pas au minimalisme. Dans la multiplicité de ses talents et de ses intérêts, il fait penser à un personnage de la Renaissance, et sa réussite montre que l'époque peut aussi apprécier des créateurs libres de toute idéologie. « Je ne veux pas de racines, je veux des ailes », confie-t-il, ce qui est une belle image adaptée à son projet pour les jardins de la Casa del Laberinto, une villa classée du XVe siècle sur les hauteurs de Gérone.
Le plan évoque à sa façon les jardins de

la Renaissance italienne. Il commence par une organisation très architecturée soulignée par des colonnes, des bassins, un belvédère, un labyrinthe surbaissé, un mur de clôture en arcs de cercle, puis se poursuit par des terrasses qui finissent par se confondre avec les champs alentour.
Le style Tusquets est présent dans le choix, le traitement de surface et la coloration des matériaux, les formes tendues et complexes, souvent issues de typologies anciennes, l'importance de la lumière et quelques surprises comme un bassin-grotte. La paysagiste et botaniste Bet Figueras a beaucoup apporté au projet en lui donnant une dimension végétale originale par la variation des hauteurs des plantes, par le fleurissement des terrasses-prairies et la conservation des arbres anciens comme deux superbes dattiers des Canaries.
Les jardins de la Casa del Laberinto témoignent de la liberté retrouvée dans l'art des jardins, une liberté qui sied particulièrement aux créateurs artistes…

Pages précédentes et ci-dessus : le labyrinthe contemporain, réinterprétation libre et presque surréaliste du mythe ancien par Oscar Tusquets.

Jardins d'artistes

L'art des jardins ne pouvait laisser indifférents les artistes. Les poètes, des empereurs lettrés de la Chine ancienne à David Hockney en passant par Virgile, Shakespeare et Tchekhov, ont depuis toujours célébré les plaisirs des heures passées dans une nature apaisée. Les peintres n'ont pas attendu le triomphe des impressionnistes pour découvrir ce motif à portée de leur palette. Après les fresques de Pompéi, les enluminures médiévales sont emplies de scènes de jardins clos, de rencontres galantes sur un banc de gazon, de sérénades sous une gloriette ; plus tard, les aristocrates anglais du XVIIIe siècle aimaient poser devant une perspective ouverte sur leur magnifique parc paysagé. Mais ce n'est qu'à partir du XIXe siècle et surtout du XXe que l'on voit des artistes se faire jardiniers, tels Monet en France, Majorelle au Maroc, Dalí en Espagne. L'art des jardins a ceci de particulier qu'il n'atteint à sa plénitude que lorsqu'il dépasse l'organisation, la structure et les réalités de la botanique pour s'ouvrir à une dimension autre, qui est celle de l'art. De grands artistes peuvent devenir jardiniers, mais un grand jardinier est toujours un artiste, parce que son œuvre suscite en nous des résonances ; elles sont parfois intellectuelles, mais le plus souvent sensibles, quasi physiques, parce qu'elles tiennent à notre appartenance au monde de la nature. Par cet art infiniment complexe et subtil, celle-ci est sublimée, ordonnée, et elle nous est aussi révélée dans sa beauté. Ce discours des jardiniers-artistes sur la nature évolue avec les époques, avec leur vision du monde et de l'homme, avec la nôtre aussi, mais toujours il nous offre une expression de nous-mêmes.

Parc Güell

Gaudí et la nature

BARCELONE, ESPAGNE
Date de création : 1900-1914
Créateur : Antoni Gaudí

Dominant Barcelone, le parc Güell est aujourd'hui un jardin public mais il fut à l'origine conçu par Antoni Gaudí dans un but tout différent. Le comte Güell, un des riches admirateurs et clients de l'artiste, voulait en effet édifier une quarantaine de villas sur un domaine privé qu'il venait d'acheter dans le quartier de la Salut, où de riches familles catalanes venaient échapper aux pestilences estivales des barios et jouir d'un panorama sur la Méditerranée. L'objectif était de créer une enclave de luxe réservée à une élite fortunée qui appréciait l'architecte déjà célèbre pour les hôtels particuliers et immeubles qu'il avait réalisés quelques kilomètres en contrebas. Une fois encore, les plans de Gaudí furent grandioses et surprenants. Après une longue étude du site, il mit en scène sa topographie complexe plus qu'il ne la bouleversa. Son inspiration est idiosyncrasique, mais non sans quelque regard vers l'organisation des jardins islamiques et leur utilisation de l'eau, comme dans l'immense citerne souterraine destinée à récupérer les eaux de

Gaudí a installé un bestiaire fabuleux dans son jardin extraordinaire qui ne répond à aucune des règles jusque-là respectées de l'art des jardins.

la place. Son habileté technique se dissimule derrière une invraisemblable surcharge d'éléments décoratifs. Cette surcharge se déchaîne dans des viaducs serpentins à piliers de briques habillés en palmiers, dans une colonnade dont les fûts perforant les chapiteaux soutiennent les célèbres bancs de céramique, dans des murs crénelés juste pour l'effet sculptural et l'omniprésence polychrome des *trencadís*, ces morceaux de carreaux et d'assiettes de céramique brisés et remontés en chatoyantes compositions abstraites ou animalesques. La nature, pourtant si souvent mise à contribution par Gaudí, semble ici un peu perplexe devant ce bestiaire architectural. La guerre survenant, l'opération immobilière échoua, et le parc Güell et ses premières constructions furent cédés à la ville de Barcelone en 1922. Cette enclave élitiste devint ainsi l'un des jardins publics les plus fréquentés d'une ville qui manquait d'espaces verts. Gaudí y gagna une popularité involontaire, au point que les Barcelonais pensent que cette inquiétante efflorescence de formes et de couleurs leur était destinée. Les enfants l'aiment beaucoup, et la cité en a fait l'un de ses symboles.

Les célèbres bancs, récemment restaurés, recouverts des céramiques réalisées par Josep Maria Jujol (1879-1949).

Giverny

Le jardin-motif

GIVERNY, FRANCE
Date de création : 1883-1893
Créateur : Claude Monet

Assez curieusement, les jardins de Giverny, créés par l'un des plus grands impressionnistes ne sont que rarement cités dans les ouvrages de référence des jardiniers et des paysagistes (à l'exception notable de celui de Michel Baridon). Et pourtant Claude Monet passa près de la moitié de sa vie dans ces quelques hectares fleuris dont il fit le sujet de certaines de ses œuvres les plus célèbres comme les *Nymphéas*.
En 1883, après de longues années de pauvreté, le succès venant enfin lui permit d'acheter la propriété qu'il louait depuis longtemps à Giverny. Immédiatement, il redessina le jardin devant la maison. Si le plan découpe le terrain en longues banquettes rectilignes, cette rigueur est aussitôt contredite par une explosion de fleurs, des plus communes au plus exotiques. Habilement Monet composa des mélanges qui lui permettaient d'obtenir des effets chromatiques riches et raffinés pendant la plus grande partie de l'année. L'allée centrale fut couverte d'arceaux sur lesquels grimpèrent des rosiers qui partirent bientôt à l'attaque des façades de la maison. « Tout mon argent passe dans mon jardin », a-t-il écrit. Il prolongea cette passion dans ses tableaux dont il fait des esquisses sur le terrain avant de les achever dans l'atelier édifié à proximité de la maison. En 1893, il fut en mesure d'acquérir le terrain de l'autre côté de la route et de la voie ferrée et fit creuser un étang pour cultiver des nénuphars, des roseaux, des iris, des bambous et des glycines qui recouvrirent un premier pont japonais, puis un second, rappelant l'intérêt du peintre pour les estampes japonaises. Abandonnés pendant de longues années, ces jardins furent restaurés à partir de 1974. Giverny est un des hauts lieux du tourisme du Val-d'Oise, et son attrait vient sans doute du fait que les nombreux visiteurs y découvrent un jardin qui pourrait être le leur. Par son exemple Claude Monet a prouvé que créer un jardin n'est pas forcément un geste grandiose réservé à quelques amateurs fortunés, ni une ambitieuse transformation du paysage, mais d'abord le simple plaisir d'associer des couleurs et des formes de la nature.

La maison où Claude Monet passa la plus grande partie de sa vie, précédée par « le clos normand », un jardin de fleurs.
Double page suivante : l'étang aux nymphéas. Au fond, un des deux ponts japonais.

Jardin de Jacques Majorelle

Jeux de couleurs

MARRAKECH, MAROC
Date de création : 1923-1981
Créateur : Jacques Majorelle

En 1917 le jeune peintre Jacques Majorelle, fils du célèbre ébéniste de Nancy, arrive à Tanger pour soigner la tuberculose dont il était atteint. Un peu plus tard, il s'installe à Marrakech et fait construire une imposante villa dans le quartier européen de Guélig, près de la palmeraie. Tout autour, il aménage sur plusieurs hectares un merveilleux jardin clos de murs, célèbre en son temps, mais qui fut quasi abandonné après sa mort en 1962. En 1981 Yves Saint Laurent et Pierre Bergé poussent la porte de ce royaume négligé, tombent sous son charme, l'achètent, le restaurent et l'entretiennent tel qu'il n'aurait jamais dû cesser d'être. Aujourd'hui propriété du Majorelle Trust et ouvert au public, ce jardin est considéré comme l'œuvre majeure d'un peintre qui sut saisir sur ses toiles architecturées et vibrantes de couleur un Maroc à la veille de la modernité.

Ce jardin est une pure création artistique. Il ne répond pas aux règles d'organisation classiques, même s'il s'inspire en partie de l'art andalou. Les onze bassins surélevés ne sont pas seulement là pour la fraîcheur, l'irrigation ou les reflets du ciel, mais bien pour accueillir une collection de plantes aquatiques rares qui se sont adaptées au climat marocain. Des bambous à feuilles vertes striées de blanc, des eucalyptus bruissants, d'imposants magnolias et des bougainvilliers surchargés de fleurs dessinent une sombre forêt dans laquelle des centaines d'oiseaux viennent nicher, ajoutant leur chant au bruissement de l'eau ou du vent dans les feuillages. Majorelle avait rassemblé là plus de 1 800 variétés de plantes et 400 de palmiers, dont beaucoup ont survécu à leur abandon. L'originalité de cette composition végétale tient

Le jardin possède une collection de plantes aquatiques, rareté absolue dans un jardin d'inspiration musulmane.

surtout à un contrepoint chromatique, celui du choix par l'artiste d'une couleur bleu de cobalt intense. Ce bleu (dont la composition fut déposée par Majorelle) court sur les murs, les margelles, les piliers, les vases et les fontaines, et devient la vibration lumineuse à laquelle se mesurent le ciel, l'eau sombre des bassins, les céramiques ocre ou jaunes, le rouge des sols de terre cuite et les centaines de verts différents des végétaux. L'œil revient sans cesse au bleu, comme aimanté par ce cobalt irréel appliqué à des surfaces minérales géométriques qui contrastent avec les formes organiques des végétaux. Yves Saint Laurent a travaillé à plusieurs de ses collections au cœur de cette explosion de couleurs que le vent et les rais de soleil filtrant à travers les branches modifient sans cesse.

C'est sans doute l'un des premiers jardins de l'époque moderne dans lesquels le minéral, voire l'artifice, joue un rôle aussi important. Des créateurs contemporains, en particulier américains, reprendront et développeront cette idée, mais les jardins de Marrakech sont peut-être les seuls à avoir réussi à ce point la fusion des couleurs de la nature et celles de la palette d'un artiste.

Double page précédente : le bleu Majorelle, un bleu dur auquel doivent s'affronter toutes les couleurs de la nature.
Ci-dessus : Majorelle s'intéressait à l'artisanat marocain et avait même créé des ateliers pour enseigner et préserver ses traditions.

Castell de Púbol

Un jardin surréaliste

PRÈS DE GÉRONE, ESPAGNE

Date de création : XIVe, XVe et XXe siècles

Ci-dessus : rencontre surréaliste dans le jardin de Dalí.
À droite : la fontaine est un collage d'éléments de styles divers. Elle est dédiée à Richard Wagner.

En 1968, le couple Dalí-Gala, qui souhaitait acquérir une résidence plus discrète que sa maison de Port Lligat, trop souvent cernée par les touristes et les galeristes, trouva ce tout petit château du XVe siècle qui domine un minuscule village de la plaine de l'Ampurdan, non loin de Figueres et de la Bispal. Le peintre l'offrit à sa femme en accomplissement d'une ancienne promesse. Le bâtiment était en très mauvais état mais Dalí s'amusa beaucoup à le décorer. On retrouve un peu de son exubérance surréaliste, laquelle frise ici avec le kitsch dans quelques fresques, une percée dans le plancher, la forme étrange des cheminées ou des trompe-l'œil de portes ou de radiateurs.

Le jardin clos de murs avait pratiquement disparu sous les ronces. Il fut redessiné sur une trame orthogonale d'étroites allées bordées de buis qui feraient presque penser à un jardin de curé si l'on ne se trouvait subitement observé par des éléphants-girafes en bronze montés sur pattes. À l'extrémité de l'allée principale s'étend un vaste bassin qu'alimente un énorme gueuloir en forme de tête d'animal fantasmagorique flanqué d'une douzaine de bustes de Wagner. Les plantations sont un peu monotones, et les buis et les ifs mériteraient un peu d'engrais et une taille plus assurée mais ce sombre et petit jardin peuplé de créatures incertaines au milieu d'une plaine écrasée de soleil nous invite pour quelques instants à un fascinant parcours végétal dans l'inconscient d'un artiste.

Portrack

La création du monde

ÉCOSSE, GRANDE-BRETAGNE

Date de création : 1990-2000
Créateur : Charles Jencks

À la Renaissance et au XVIIe siècle, on vit fleurir des jardins qui se proposaient d'illustrer un récit mythologique ou une œuvre littéraire. C'est ainsi que Vicino Orsini s'inspira du *Songe de Poliphile* pour Bomarzo, ou la margravine de Bayreuth des *Aventures de Télémaque* pour son parc de Sanspareil, mais la pratique disparut avec le XIXe siècle. Elle est récemment réapparue dans le nord de la Grande-Bretagne, à Little Sparta, l'étrange lande paysagée du sculpteur Ian Hamilton Finlay, et à Portrack, où l'architecte postmoderne Charles Jencks s'est exprimé en toute liberté.

Jencks est un théoricien des rapports entre la culture et l'architecture. Époux de Maggie Keswick, spécialiste reconnue de l'histoire du jardin chinois, il a trouvé dans le domaine écossais de celle-ci l'espace naturel dont il avait besoin pour exprimer une approche conceptuelle originale. Dans sa réflexion il associe la théorie du chaos à la géomancie ancienne chinoise. Pour lui « l'art doit s'intéresser à la science et

Le jardin de la spéculation cosmique est une présentation postmoderne et scientifique de la complexité et de la beauté de la nature.

à la cosmologie contemporaines s'il veut retrouver la profondeur et l'énergie qu'il possédait aux siècles précédents ». L'univers évolue, change en permanence en une *cosmogénie* dont nous sommes les témoins et les acteurs sans toujours nous en rendre compte. Le jardin de Portrack ne tente rien moins que d'illustrer cette vision du monde. On ne peut comprendre Portrack d'un seul regard. Le plan complexe déterminé à la fois par la présence de la maison et la topographie a nécessité de très importants travaux de terrassement. Il guide le visiteur dans un parcours quasi initiatique, ponctué d'interventions sculpturales ou paysagères : un bassin représentant la fameuse soupe de quark des origines du monde, un jardin de l'ADN dominé par une sculpture en hélice, un tumulus-mastaba contenant une sorte de chapelle op-art, un banc galactique, le trou noir figuré par un damier dynamique de gazon et de béton, un pont bondissant, dernier avatar connu du pont japonais, etc. La composition relève du collage plus que de la continuité, mais elle réussit à susciter l'intérêt, puis l'admiration devant certains gestes comme la butte du Serpent qui s'élève entre des bassins en spirale. Rarement en Occident le paysage a été manipulé de manière aussi sculpturale. Portrack, que l'on peut ne pas aimer, indique peut-être une nouvelle orientation d'un art des jardins qui, après quelques siècles d'esthétisme de plus en plus raffiné, tenterait de retrouver un contenu philosophique et mettrait son formalisme provocant au service d'une explication du monde.

À gauche : l'allée d'accès au « pont bondissant », inspiré de la théorie des catastrophes (un événement mineur peut provoquer un effet majeur).
Ci-dessus : une des portes dues à John Gibson, et des piliers de bois portant des inscriptions à sens multiples ou se lisant à l'endroit comme à l'envers.

Rock Garden

Le fabuleux royaume de Nek Chand

CHANDIGARH, INDE
Date de création : Commencé en 1958
Créateur : Nek Chand

Créer un jardin est à la portée de chacun… Nek Chand, le créateur du Rock Garden, accumulait pourtant les difficultés. Petit fonctionnaire à Chandigarh, il ne possédait ni terrain, ni plantes, ni matériaux, ni argent. Mais il avait un rêve de jardin idyllique et cherchait à se distraire d'une vie quotidienne faite de contraintes et de pauvreté. Il collectionna d'abord des pierres érodées qu'il trouvait au bord des routes, puis construisit une petite hutte au cœur d'une forêt domaniale infestée de moustiques et de serpents et commença, la nuit, à la lueur d'un pneu enflammé, à édifier son royaume. Un jour, des inspecteurs des forêts découvrirent son domaine, enchanté certes, mais sans permis de construire. Retournement incroyable de situation : le petit fonctionnaire fut salué, fêté, libéré de son travail quotidien et reçut un salaire et l'aide de quarante manœuvres pour continuer son œuvre. À partir de là, n'ayant plus peur d'être découvert, il se lança dans une transformation du paysage de la forêt, creusant des gorges, dessinant d'énormes cascades, modifiant le profil du sol sur lequel venaient parader les statues et les figurines de plus en plus nombreuses qu'il fabriqua par centaines, puis par milliers.

Nek Chand est un artiste totalement autodidacte, un Facteur Cheval indien, un homme porté par une idée devenue obsession. Cependant, cette œuvre « brute » possède une autre dimension qui avec le temps a pris une actualité particulière : la récupération. Tout ici est fait de matériaux recyclés. Nek Chand transmue en art tous les laissés-pour-compte de la

Ci-contre : en pleine forêt, Nek Chand a créé en trente ans un jardin enchanté peuplé de milliers de créatures fantastiques.
Ci-dessus : un des troupeaux du royaume enchanté de Nek Chand, à quelques kilomètres de Chandigarh, la capitale de l'État du Pendjab construite par Le Corbusier.

consommation – vaisselle, morceaux de ciment, vêtements, cadres de vélos, bouteilles de bière, fer-blanc d'emballage… Ses merveilleux animaux, ses oiseaux, ses rois, ses princesses et ses guerriers sont en terre cuite, en ciment, en pierre et en mosaïque composée de morceaux de vaisselle ou de sanitaires brisés. Son but est d'« offrir une relation différente dans laquelle le créateur et ses créations amènent le spectateur à élever sa conscience de l'environnement, son sens du merveilleux et son propre esprit de créativité ». Cet art échappe à tout critère, il est fondamentalement individualiste et populaire, mais cette conception du jardin est profondément enracinée dans les anciennes traditions indiennes de la représentation du paradis. Cet éden est celui d'une société aimable, ordonnée et apaisée, en harmonie avec la nature.

Et à quelques kilomètres de là se dresse Chandigarh, la capitale du Pendjab, grand œuvre de Le Corbusier…

Ci-dessus : tous les personnages sont réalisés à partir de matériaux de récupération ou de déchets – pièces de vélos, ressorts, vieux vêtements, vaisselle brisée, cailloux – liés au plâtre, à la terre ou au ciment.
À gauche : mosaïque de technique similaire à celle de Jujol au parc Güell de Barcelone.

Festival des jardins de Chaumont-sur-Loire

La fête des jardins

CHAUMONT-SUR-LOIRE, FRANCE
Date de création : 1992
Créateur : Jean-Paul Pigeat

L'amour des jardins a entraîné la multiplication des manifestations temporaires et souvent commerciales qui lui sont consacrées. Elles peuvent prendre la forme de « floralies », de rencontres de jardiniers comme à Courson, de « parc d'exposition » comme celui du Keukenhof aux Pays-Bas, créé par les professionnels de la tulipe, mais l'événement annuel le plus symptomatique de ce nouvel engouement pour la nature cultivée est sans doute le Festival international des jardins, organisé dans le parc du château de Catherine de Médicis par le Conservatoire international des jardins et du paysage de Chaumont-sur-Loire. Chaque printemps, vingt-cinq nouveaux jardins prennent ainsi place dans vingt-cinq enclos entourés de charmille aménagés par Jacques Wirtz sur 3 hectares. Jardiniers, paysagistes, étudiants et artistes viennent y présenter leurs travaux qui demandent parfois une longue mise

À gauche : « Une idée » jardin de Liliana Motta et Jean-Christophe Denise sur le thème de l'érotisme au jardin, 2002.
Ci-dessus : Sur le même thème, « le jardin flou », de Luis Bisbe, Sara Dauge, Alex Aguilar, Pernilla Magnusson, Arola Tous et Silvia Vespasiani, contribution catalane, 2002.

en œuvre. Les thèmes sont aussi riches que provocants : la crise, les curiosités, l'eau, la mosaïculture, le chaos, les mauvaises herbes, la mémoire… Les propositions très variées font essentiellement appel aux végétaux, mais aussi aux minéraux, à des matériaux inattendus, à des machines, à des fabriques, à l'eau. Les résultats sont tout aussi divers, avec des réussites spectaculaires, des provocations sans lendemain, des idées qui feront leur chemin, des tentatives parfois maladroites, des créations mémorables. Ce mélange de beauté, de connaissances, d'habileté, de concepts, d'intelligence et de botanique montre que le jardin, loin d'être un art du passé, est un nouvel objet de réflexion pour la sensibilité artistique contemporaine. Le succès de Chaumont tient également aux innombrables rencontres que le Festival a suscitées entre les créateurs eux-mêmes mais aussi avec le public qui vient en foule découvrir la nature sous un jour inhabituel.

Le Festival de Chaumont, initié par Jean-Paul Pigeat et dirigé aujourd'hui par Christian Mary, est la nouvelle histoire des jardins qui s'écrit sous nos yeux.

Ci-dessus : « Eh, tu me soutiens ? », de Véronique Airiau et Marie-Yvonne Gimmerthal de l'école des beaux-arts d'Angers (France), contribution au thème de l'érotisme au jardin, 2002.
Ci-contre : « Le nid des déesses Mappa » d'Hémisphère, atelier de paysage, Rémi Duthoit et Éric Barbier, contribution caoutchoutée au même thème, 2002.

Ce chiot géant contient 25 tonnes de terre irriguée de l'intérieur pour permettre la pousse de milliers de fleurs vivaces, qui sont renouvelées régulièrement.

Le Puppy du musée Guggenheim

Le chien du jardin

BILBAO, ESPAGNE
Date de création : 1997
Créateur : Jeff Koons

Puppy est une sculpture végétale de l'artiste américain Jeff Koons, installée en 1997 devant le musée d'Art contemporain de Bilbao, œuvre de l'architecte Frank Gehry. Ce chiot tout en fleurs remporta un tel succès public lors de l'inauguration que la ville décida de le conserver. Koons n'est pas un spécialiste des jardins mais un artiste post-pop cultivant avec délices différentes formes de kitsch, de mauvais goût tout court, de pornographie et de sentimentalisme. Devant un musée qui est une des œuvres architecturales marquantes de la fin du XXe siècle, ce scotch terrier de 12 mètres de haut est une provocation très réussie. Et à cette dimension s'ajoute celle du végétal, qui sans doute est pour beaucoup dans son succès. L'animal, recouvert de milliers de fleurs, régulièrement renouvelées afin qu'il conserve un pelage attrayant, est l'héritier d'une longue lignée de sculptures topiaires qui remonte à l'Antiquité. Au XVIIe siècle cet art a atteint des sommets aux Pays-Bas et en Angleterre, et il semble que la technique connaisse un renouveau aux États-Unis et au Japon, où l'on voit apparaître d'immenses compositions géométriques taillées dans les buis ou les conifères, des visages monstrueux ou des sphères en lierre.

Annexes

Bibliographie

ACIDINI LUCHINAT, Cristina, ***Jardins des Médicis, jardins des palais et des villas dans la Toscane du Quattrocento***, Arles, Actes Sud, 1997.

ACTON, Harold, ***Villas toscanes***, Paris, Éditions du Regard, 1984.

ASLET, Clive, ***The Last Country Houses***, New Haven et Londres, Yale University Press, 1982.

BARIDON, Michel, ***Les Jardins : paysagistes, jardiniers, poètes***, Paris, Robert Laffont, coll. « Bouquins », 1998.

BAZIN, Germain, ***Paradeisos ou l'Art du jardin***, Paris, Chêne, 1988.

BENETIERE, Marie-Hélène, CHATENET, Monique, et MOSSER, Monique, ***Jardin, vocabulaire typologique et technique***, Paris, Monum, Éditions du Patrimoine, 2002.

BRENOT, A.-M., et COTTRET, B. (textes réunis par), ***Le Jardin : figures et métamorphoses***, Dijon, Éditions universitaires de Dijon, 2005.

BROWN, Jane, ***Vita's Other World, a Gardening Biography of V. Sackville-West***, New York, Viking Penguin, 1987.

CARANDELL J.M., et VIVAS, P., ***Park Güell***, Barcelone, Triangle Postal, 2005.

CAUQUELIN, Anne, ***Petit Traité du jardin ordinaire***, Paris, Payot & Rivages, 2003.

CHAMBERS, William, ***Dissertation sur le jardinage de l'Orient***, Paris, Gérard Monfort, 2003.

CHARAGEAT, Marguerite, ***L'Art des jardins***, Paris, PUF, 1962.

CLIFFORD, Derek, ***L'Histoire et l'art des jardins***, Paris, Club des libraires de France, 1964.

COLLECTIF, ***Les Jardins de Jacques Wirtz***, Bruxelles, AAM Éditions, 2003.

COOPER, Guy, TAYLOR, Gordon, ***Jardins et parcs du futur***, Paris, Octopus, 2003.

COOPER, Paul, ***Sculptures végétales***, Paris, Octopus, 2002.

COOPER, Paul, ***Jardins design***, Paris, Octopus, 2003.

CORPECHOT, Lucien, ***Parcs et jardins de France***, Paris, Librairie Plon, 1937.

DE BAY, Philip, et BOLTON, James, ***Gardenmania***, Arles, Actes Sud/Motta, 2000.

DE MEDICI, Lorenza, ***Splendeur des jardins italiens***, Paris, Flammarion, 1990.

FESTING, Sally, ***Gertrude Jekyll***, Londres, Penguin Books, 1993.

GANAY, Ernest DE, ***Beaux Jardins de France***, Paris, Librairie Plon, 1950.

GANAY, Valentine DE, et LE BON, Laurent (dirs), ***Courances***, Paris, Flammarion, 2003.

GARRIGUES, Dominique, ***Jardins et jardiniers de Versailles au Grand Siècle***, Paris, Champ Vallon, 2001.

GIRARDIN, René Louis DE, ***De la composition des paysages***, Seyssel, Champ Vallon, 1999.

GOTHEIN, Marie Luise, ***A History of Garden Art***, New York, Hacker Art Books (reprint), 1966.

GRÜNING, Uwe, et PIETSCH, Jürgen M., ***Goethes Gartenhaus***, Spröda, Edition Schwarz Weiss, 1999.

HADFIELD, Miles, HARDING, Robert, et HIGHTON, Leonie, ***British Gardeners***, Londres, Zwemmer, Condé Nast, 1980.

HOBHOUSE, Penelope, *Gardens of Persia*, Londres, Cassel Illustrated,2003.

HUNT, John Dixon, ***L'Art du jardin et son histoire***, Paris, Odile Jacob, 1996.

HYAM, Edward, ***A History of Garden and Gardening***, New York, Praeger Publishers, 1971.

Jardins contre nature, Paris, Éditions de Minuit, 1976.

JEKYLL, Gertrude, et WEAVER, Lawrence, ***Arts and Crafts Gardens***, Londres, Garden Art Press, 2005.

JENCKS, Charles, ***The Garden of Cosmic Speculation***, Londres, Frances Lincoln, 2003

KLUCKERT, Ehrenfried, ***Parcs et jardins en Europe de l'Antiquité à nos jours***, Cologne, Könemann, 2000.

LAIRD, Mark, ***Jardins à la française, l'art de la nature***, Paris, Chêne, 1993.

LANDSBERG, Sylvia, ***The Medieval Garden***, Londres, The British Museum Press, 2002.

LE DANTEC, Jean-Pierre, ***Jardins et paysages : une anthologie***, Paris, Éditions de la Villette, 2003.

LE TOQUIN, Alain, et BOSSER, Jacques, ***Jardins du monde***, Paris, Éditions de La Martinière, 2004.

LIMIDO, Luisa, ***L'Art des jardins sous le second Empire***, Seyssel, Champ Vallon, 2002.

LOUIS XIV, ***Manière de montrer les jardins de Versailles***, Paris, RMN, 2002.

MARGRAVE DE BAYREUTH, ***Mémoires***, Paris, Mercure de France, 1967.

MONTERO, Marta Iris, ***Burle Marx, Jardins lyriques***, Arles, Actes Sud, 2001.

MONUMENTAL, ANNUEL 2001, ***Dossier Jardins***, Paris, Éditions du Patrimoine, 2001

MOSSER, Monique, et TEYSSOT, Georges, ***Histoire des jardins de la Renaissance à nos jours***, Flammarion, 2002.

NICOLI, Pierluigi, et REPISHTI, Francesco, ***Dictionnaire des paysagistes d'aujourd'hui***, Milan, Skira Editore, 2003.

NITSCHKE, Günter, ***Le Jardin japonais***, Paris, Taschen, 2003.

NOURRY, Louis-Michel, ***Les Jardins de Villandry***, Paris, Herscher Belin, 2002.

ORSENNA, Érik, ***Portrait d'un homme heureux***, André Le Nôtre 1613-1700, Paris, Fayard, 2000.

OTTEWILL, David, ***The Edwardian Garden***, New Haven et Londres, Yale University Press, 1989.

Patrimoine et paysages culturels, actes du colloque international de Saint-Émilion, 30 mai-1er juin 2001, Bordeaux, Confluences, 2001.

PEREIRE, Anita, ***Jardins du XXIe siècle***, Paris, Hachette Pratique, 1999.

PEREIRE, Anita, VAN ZUYLEN, Gabrielle, et CESAR, Robert, ***Jardins privés en France***, Paris, Arthaud, 1984.

RIDLEY, Jane, ***The Architect and his Wife***, Londres, Chatto & Windus, 2002.

RUSSELL, Vivian, ***Jardins d'Italie d'Edith Wharton***, Paris, Albin Michel, 1998.

SALMON, Xavier, et GUADALUPI Gianni, ***Versailles***, Villanova di Castenaso, FMR, 2005.

SCHINZ, Marina, et VAN ZUYLEN, Gabrielle, ***Les Jardins de Russell Page***, Paris, Flammarion, 1992.

SMITHERS, Peter, ***L'avventura di un giardiniere***, Milan, Silvana Editoriale, 2005.

STEENBERGER, Clemens, et WOUTER, Reh, ***Architecture and Landscape***, Bâle, Berlin, Boston, Birkhäuser, 2003.

STRONG, Roy, ***The Renaissance Garden in England***, Londres, Thames and Hudson, 1979.

TURNER, Tom, ***Garden History, Philosophy and Design*** 2000 BC-2000 AD, Londres et New York, Spon Press, 2005.

VALENCIENNES, Pierre Henri DE, ***Perspectives des jardins***, La Rochelle, Rumeur des anges, 2005.

WALPOLE, Horace, ***On Modern Gardening***, Londres, Pallas Editions, 2004.

WATELET, Claude-Henri, ***Essai sur les jardins***, Paris, Gérard Monfort Éditeur, 2004.

WEISS, Thomas (dir.), ***Das Gartenreich Dessau-Wörlitz***, Hambourg, L & H Verlag, 2004.

WILSON, Andrew, ***Paysagistes, ceux qui ont marqué le siècle***, Paris, Octopus, 2003.

Coordonnées des jardins

Seuls sont répertoriés ci-dessous les jardins ouverts au public.

ALLEMAGNE

Château de Sans-Souci
Besucherzentrum
Postfach 60 14 62
14414 Potsdam
Tél. : 00 49 (03 31) 96 94 202
www.spsg.de

Château de Schwetzingen
Schloss Mittelbau
68723 Schwetzingen
Tél. : 00 49 (06202) 81482
www.schloss-schwetzingen.de

Parc de Wörlitz-Dessau
Schloss Großkühnau
06846 Dessau
Tél. : 00 49 (03 40) 6 46 15-0
www.gartenreich.com

Sanspareil Rock Garden
Haus Nr. 29
96197 Wonsees
Tél. : 00 49 (0 92 74) 9 09 89 06 /
00 49 (0 92 74) 9 09 89 12
www.schloesser.bayern.de

BRÉSIL

Tacaruna
Pedro de Rio – Petrópolis
Rio de Janeiro – RJ
Courriel : strunck@diacm.com.br

Fazenda Marambaia
Correas – Petrópolis
Rio de Janeiro – RJ
Tél : 00 55 (24) 2233 5000
www.fazendamarambaia.com.br

CHINE

Jardins classiques de Suzhou
Suzhou Municipal Administrative
Bureau of Gardens
Gongyuan Road, 12
Suzhou (Jiangsu)
Tél. : 00 86 (512) 65224929
www.ylj.suzhou.gov.cn/en/yl.htm

ESPAGNE

Balcons de l'ex-banque catalane
Edificio Planeta
Diagonal 662-664
08034 Barcelone

Château de Galiana
Paseo de la Rosa, s/n
45003 Tolède
Tél. : 00 34 (925) 220 852

Gare d'Atocha
Avenida de la Ciudad de Barcelona
Madrid

Jardin botanique
Passeig del Migdia
Sants Montjuïc (Dt 3)
08038 Barcelone
Tél. : 00 34 (93) 426 49 35
www.jardibotanic.bcn.es
www.bcn.es/parcsijardins/pa_botanic.htm

Jardin de cactées de Guatiza
Carretera General del Norte
35544 Guatiza (Lanzarote)
Tél. : 00 34 (928) 52 93 97

Jardins de l'Alhambra et du Generalife
La Alhambra
Colina de La Alhambra
18009 Grenade
Tél. : 00 34 (958) 02 79 00
www.alhambra.org

Maison-musée Château Gala Dalí
Púbol
17120 La Pera
Tél. : 00 34 (972) 488 655
www.salvador-dali.org

Marimurtra
Passeig Carles Faust 9
Apartat Correus 112
17300 Blanes (Girona)
Tél. : 00 34 (972) 330 826
www.jbotanicmarimurtra.org

Monastère de Pedralbès
Baixada del Monestir, 9
08034 Barcelone
Tél. : 00 34 (93) 203 92 82
www.museuhistoria.bcn.es/cat/centres/pedralbes/index.htm

Monastère de Santes Creus
Office du Comarcal de Tourisme de l'Alt Camp
Pl. Sant Bernat, 1 (Santes Creus)
43815 Aiguamúrcia
Tél. : 00 34 (977) 638 329 /
00 34 (977) 638 328

Musée Guggenheim
Museo Guggenheim Bilbao
Abandoibarra, 2
48001 Bilbao
Tél. : 00 34 (94) 435 90 80
www.guggenheim-bilbao.es

Parc del Laberint d'Horta
Carretera Germans Desvalls
08035 Barcelone
Tél. : 00 34 (93) 428 25 00 /
00 34 (93) 428 39 34
www.bcn.es/parcsijardins/pa_horta.htm

Parc Güell
Carretera del Carmel
08024 Barcelone
Tél. : 00 34 (93) 424 38 09
www.bcn.es/parcsijardins/pa_guell.htm

ÉTATS-UNIS

The Getty Center
1200 Getty Center Drive
Los Angeles
CA 90049
Tél. : 00 1 (310) 440 7300
www.getty.edu

The Huntington Botanical Gardens
1151 Oxford Road
San Marino
CA 91108
Tél. : 00 1 (626) 405 2100
www.huntington.org

FRANCE

Abbaye du Mont-Saint-Michel
BP 22
50170 Mont-Saint-Michel
Tél : 02 33 89 80 00
www.monum.fr

Château de Bizy
Avenue des Capucins
27200 Vernon
Tél. : 02 32 51 00 82

Château de Canon
14270 Mézidon-Canon
Tél. : 02 31 20 71 50
www.chateaudecanon.com

Château de Courances
91490 Courances
Tél. : 01 40 62 07 71 / 01 64 98 41 18
www.courances.net

Château de Groussay
78490 Montfort-l'Amaury
Tél. : 01 34 86 94 79

Festival international des jardins
Conservatoire international des parcs et jardins et du paysage
Ferme du château
41150 Chaumont-sur-Loire
Tél. : 02 54 20 99 22
www.chaumont-jardin.com

Giverny
Fondation Claude Monet
84, rue Claude-Monet
27620 Giverny
Tél. : 02 32 51 28 21
www.fondation-monet.com

Jardin des buttes
Rue du Général-Leclerc
93170 Bagnolet

Parc André-Citroën
Quai André-Citroën
75015 Paris
www.paris.fr

Parc de Versailles
Établissement public du musée et du domaine national de Versailles
Pavillon Dufour
RP834
78008 Versailles cedex
Tél. : 01 30 83 78 00
www.chateauversailles.fr

Parc floral d'Apremont-sur-Allier
Société hôtelière d'Apremont
18150 Apremont-sur-Allier
Tél. : 02 48 77 55 00
www.apremont-sur-allier.com

Prieuré Notre-Dame d'Orsan
Sonia Lesot, Patrice Taravella
18170 Maisonnais
Tél. : 02 48 56 27 50
www.prieuredorsan.com

Villa Ephrussi de Rothschild
Villa Île-de-France
1, avenue Ephrussi de Rothschild
06230 Saint-Jean-Cap-Ferrat
Tél. : 04 93 01 45 90
www.academie-des-beaux-arts.fr/fondations/index.html
www.villa-ephrussi.com

GRANDE-BRETAGNE

Bayleaf
Weald and Downland Open Air Museum
Singleton
Chichester
West Sussex PO18 0EU
Tél. : 00 44 (0) 1 243 811363
www.wealddown.co.uk

Eden Project
Bodelva
St. Austell
Cornwall PL24 2SG
Tél. : 00 44 (0) 1 726 811911
www.edenproject.com

Great Dixter
Northiam
Rye
East Sussex TN31 6PH
Tél. : 00 44 (0) 1 797 252878
www.greatdixter.co.uk

Levens Hall
Kendal
Cumbria LA8 0PD
Tél. : 00 44 (0) 1 5395 60321
www.levenshall.co.uk

Portrack
Garden of Cosmic Speculation
Écosse
www.charlesjencks.com

Queen Eleanor's Garden
The Great Hall
The Castle
Winchester
Hampshire S023 8UI
Tél. : 00 44 (0) 1 962 846476

Sissinghurst Castle Garden
Nr Cranbrook
Kent TN17 2AB
Tél. : 00 44 (0) 1 580 710 700
www.nationaltrust.org.uk

Stourhead
Stourhead Estate Office
Stourton
Warminster
Wiltshire BA12 6QD
Tél. : 00 44 (0) 1 747 84 1152
www.nationaltrust.org.uk

INDE

Fatehpur Sikri
Agra
http://asi.nic.in

Moghul garden
Rashtrapati Bhavan
India Gate
New Delhi, DL
http://presidentofindia.nic.in/mughalGarden.html

Rock Garden
Sector n°4
Chandigarh, 160 019
Tél. : 00 91 172 740 645

Taj Mahal
Agra
http://asi.nic.in

IRAN

Bagh-e-Fin
Amirkabir Avenue
Kashan

Bagh-e-Shazde
Mahan

ITALIE

Castello Ruspoli
Piazza della Repubblica, 9
01039 Vignanello (VT)
Tél. : 00 39 (0761) 754 707 / 00 39 (0761) 755 338
Courriel : castelloruspoli@libero.it

La Mortella
Fondazione William Walton
Via Francesco Calise, 39
80075 Forio
Isola d'Ischia (Napoli)
Tél. : 00 39 (081) 986 220
www.ischia.it/mortella

Monastère Santa Chiara
Complesso Museale di Santa Chiara
Via Santa Chiara, 49c
80134 Napoli
Tél. : 00 39 (081) 195 759 15
www.santachiara.info

Parc du palais de Caserta
Viale Douhet, 22
81100 Caserta
Tél. : 00 39 (0823) 448084 / 00 39 (0823) 277380
www.reggiadicaserta.org

Pompéi
Soprintendenza per i Beni Archeologici di Pompei
Via Villa dei Misteri, 2
80045 Pompei (Napoli)
Tél. : 00 39 (081) 8575111
www.pompeiisites.org

Sacro Bosco
Loc. Giardino SNC
Bomarzo (Viterbo)
Tel. : 00 39 (0761) 924029

Villa d'Este
Piazza Trento, 1
00019 Tivoli
Tél. 00 39 (0424) 600460 /
Appel local : 199766166
www.villadestetivoli.info

Villa Gamberaia
Via del Rossellino, 72
50135 Settignano (Firenze)
Tél. : 00 39 (055) 697205 / 00 39 (055) 697090
www.villagamberaia.com

Villa Hadrien
Via Villa Adriana
00019 Tivoli
Tél. : 00 39 (0774) 53 02 03

Villa Lante
Via Jacopi Barozzi, 71
01031 Bagnaia
Tél. : 00 39 (0761) 288 008

JAPON

www.jnto.go.jp/fra

MAROC

Jardin Majorelle
Avenue Yacoub el-Mansour
40000 Marrakech
Tél. : 00 212 (04) 4301852
www.jardinmajorelle.com

Palais de la Bahia
Rue de la Bahia
Zitoun el-Jedid
Medina
40000 Marrakech

PAYS-BAS

Cathédrale Saint-Martin
Achter de Dom, 1
3512 JN Utrecht
Utrecht
Tél. : 00 31 (0) 30 231 04 03

Palais de Het Loo
Paleis Het Loo Nationaal Museum
Koninklijk Park, 1
7315 JA Apeldoorn
Tél. : 00 31 (0) 55 577 24 00
www.paleishetloo.nl

RUSSIE

The Peterhof State Museum-Reserve
ul.Razvodnaya, 2
198516 Saint-Pétersbourg
Tél. : 00 7 (812) 427 7425
www.peterhof.org

NOUVELLE-ZÉLANDE

Ayrlies
125 Potts Road
Whitford
Auckland
Tél. : 00 64 (09) 530 8706
Courriel : ayrliesgardens@xtra.co.nz

Index des personnes

Les numéros de page en italique renvoient aux légendes des illustrations.

Index des lieux et des jardins

Remerciements

En premier lieu, j'adresse mes plus vifs remerciements à tous ceux, nombreux, qui m'ont ouvert les portes de ces jardins du monde et m'ont permis de réaliser peu à peu cet ambitieux projet :

Ambassade d'Espagne, Paris (Mari Mar Rey) – Ambassade de l'Inde, Paris (Hemalata C. Bhagirath) – Ambassade des États-Unis, Paris (Valérie Ferrière) – Apremont (Elvire de Brissac, Tony Poupin) – Ayrlies (Beverley McConnell) – Bagnolet (Daniel Girard, Raymond Demurget) – Barcelone (Bet Figueras) – Bayleaf (Gael Kettel) – Bilbao (Jeff Koons) – Bizy (Denis Vergé) – Bruges (Danielle et François Van der Elst) – Canon (Hervé de Mezerac) – Caserta (Francesco Canestrini, Antonio Raiano) – Castello Ruspoli (Claudia Ruspoli, Santino) – Cité Jeanne d'Arc (Sylvie et Gilles Pison) – Courances (Jean-Louis et Philippine de Ganay) – Eden Project (David Meneer) – Fazenda Marambaia (Luiz César Fernandes) – Galiana (Alejandro Fernández de Araoz Marañón) – Getty Center (John Giurini, Melissa Pauna, Melissa Rodriguez) – Giverny (Claudette Lindsey) – Great Dixter (Christopher Lloyd, Perry Rodriguez) – Groussay (Jean-Louis Remilleux, Hubert de la Cotardière) – Huntington Botanical Gardens (Lisa Blackburn) – Iran (Azadeh, Davoud Deghghan) – Kyoto (Kunio Kadowaki) – La Mortella (Susana Gil Walton) – Levens Hall (Hal Bagot, Lydia et Chris Crowder) – Madrid (César Jiménez Callaba, Mariano Sánchez) – Majorelle (Pierre Bergé, Abderrazzak Benchâabane, Danièle Leclercq) – Mas de les Voltes (Fernando Caruncho, Oliver Preuss) – Mont-Saint-Michel (Jean-Pierre Hochet, Martine Meron) – Parc de Versailles (Nadine Pluvieux, Jeanne Hollande-Latrobe) – Paris (Camille Muller, Jun Fujiwara) – Pedralbès (Ana Castellanos) – Peterhof (Vadim Znamenov, Tatiana Verbitskaïa, Igor Guerassimov) – Petrópolis (Luciana Bassous Pinheiro) – Portrack (Charles Jencks) – Présidence de l'Inde (S.M. Khan) – Prieuré d'Orsan (Sonia Lesot, Patrice Taravella) – Púbol (Imma Barada) – Rock Garden (Nek Chand) – Sacro Bosco (Giovanni Bettini) – Sanspareil (M. Schwarzott, Renate Gerspitzer) – Sans-Souci (Sybille Michel) – Schoten (Jacques, Martin et Peter Wirtz) – Schwetzingen (Harry Filsinger) – Sissinghurst (The National Trust, Nigel Nicolson, Sarah Cook) – Stourhead (The National Trust, Katharine Boyd) – Tacaruna (Martha et Gilberto Strunck) – Taj Mahal (Dr. D. Dayalan, Dr. R.K. Dixit, R.R. Rathore) – Utrecht (Marie-Antoinette Kroone) – Villa Gamberaia (Luigi Zalum) – Villa Île-de-France (James de Lestang) – Villa Lante (Rafaella Stratti) – Winchester (Sylvia Landsberg, Ann Murphy) – Wörlitz-Dessau (Uwe Quilitzsch)

Et j'ai aussi le plaisir d'associer à ces remerciements la petite équipe qui s'est formée autour du livre, cinq talents qui ont œuvré avec passion et sensibilité pour qu'aboutisse ce projet : Carole Daprey (éditrice), Jacques Bosser, Brigitte Govignon (responsable éditoriale), Francis M (directeur artistique) et Cécile Vandenbroucque (chef de fabrication).

www.letoquin.com

Les illustrations des pages 9, 77 et 193 ont été réalisées par Maxime Rebière.

Achevé d'imprimer en mai 2007
sur les presses de Graficas Estella à Estella
ISBN : 978-2-7324-3482-7
Dépôt légal : septembre 2006
Imprimé en Espagne